新潮新書

スージー鈴木
SUZIE Suzuki

幸福な退職

「その日」に向けた気持ちいい仕事術

995

新潮社

はじめに

この本は、気持ちよく仕事をして、気持ちよく退職するための本です。

先に自己紹介をすれば、私はスージー鈴木という音楽評論家、ラジオDJで、１９６６年生まれの56歳。ですが元々は、博報堂という広告会社に勤める会社員でした。90年に入社してから約30年間勤め上げ、２０２１年、満55歳になるのを機に早期退職。在職中から評論家としての活動をスタートし、何冊かの著書を世に問うことが出来ました。

私がお知らせしたいのは、まずは気持ちよく仕事をする方法です。激烈な労働環境だった広告業界の中で、「無駄なく・無理なく・機嫌よく」、つまりは気持ちよく仕事をこなしながら、さらには本を書くような時間まで捻出することに向けて、能力はともかく要領だけはよかった私が編み出した知恵とスキルです。

加えて、気持ちよく退職する方法。このご時世、退職を検討している方も多いでしょう。そんな中、とりわけ私のように、趣味に近い世界に飛び込んで、自分の腕っぷしで生きていこうとする人には、お伝えしたいことがたくさんあります。

本書はすべて、学者やビジネスのカリスマではない、博報堂に勤める普通の会社員だった私の実体験をもとにしています。ただ、そのリアリティを、例えば中小規模の企業に勤める非正規の若手社員から見れば、少々呑気な話に映るのかもしれません。

しかし私が言いたいのは、そんな制約の中にいる方こそ、気持ちよく仕事をしていただきたいということです。本書を参考にしながら、無駄や無理を徹底的に排し、上機嫌でスイスイと仕事してほしいのは、あなたなのです。

また、退職を考えている、もしくは定年が近いけれど、趣味に近いところの腕っぷしで生きるなんて考えていないという人にも、この本を参考に、「衝突」とか「決裂」ではない、つまりは気持ちいい「幸福な退職」をしてほしいと願っています。

その他、上司と合わず悩んでいる人、管理職になって悩んでいる人、趣味で生きたいのにどうしたらいいか分からない人——そんな方々にも、自信を持っておすすめします。

あなたは、気持ちいい会社員になる権利があります。気持ちいい会社員の時代。それは、少々大げさにいえば、日本が気持ちいい幸福な国になる時代なのです。

幸福な退職　「その日」に向けた気持ちいい仕事術

目次

序章　スージーという名の会社員

スージー鈴木少年、博報堂に入る

本書は、ふたつの物語で構成されています。

まずは、体育会系でも天才奇才でも良家の子女でもない普通の少年（それも、わりと神経質で、かなりサブカルな）が、広告会社・博報堂でもがく物語です。

物語の発端は、両親が教師だったことに始まります。つまりはビジネスというものから、かなり縁遠い家庭だったのです。

大学時代は音楽漬け。のちに音楽評論家になるほど、古今東西のロックやポップスばかり聴くサブカル少年でした。当時からギターを弾いたりもしましたが、バンド活動を共にする仲間には恵まれず、また、上品そうな女子に目がくらんで、オーケストラのサークルに入部して、ちっともうまくならないトランペットを練習する日々。

両親が教師の家に育つと、ビジネス的感覚が分からない。さらにいうと、ビジネスというものにちょっとした恐怖感すら抱いていたので、就職せずに生きられたらラッキーだなと、学生の時分からロック系の雑誌に投稿したり、ラジオ番組のお手伝いをしたりと、いろいろがんばってみたのですが。

しかし当然、そこから仕事は広がらず、食っていける目処など立つわけがない。加えて同調圧力にはめっぽう弱い方なので、慣れないスーツを着て、ゼミの仲間と一緒に就職活動に飛び出したのが平成元年＝1989年の夏。

憶えているのが、7月某日の真夜中のことです。下宿の電話が突然鳴る。相手はゼミの同期生。彼が一言——「いよいよ明日から、金融が動くぞ」。彼によれば、銀行や証券会社は口裏を合わせて、採用活動を横一線でスタートさせる。その開始日が明日だというのです。

金融や商社、メーカーなど、お堅そうな業種にはまったく興味のなかった私でしたが、それでも、これは本腰を入れなければと思い、翌日から本気でOB訪問に励みました。

しかし、時はバブル真っ盛り。「空前の売り手市場」と言われた中、比較的早い段階で博報堂の内定がもらえたのです。時代に感謝するしかありません。

確か10月1日に、内定者が集まる懇談会のようなものがありました。その風景を見て、また内定者たちとちょこっと話して、私は愕然としたのです。

「みんな、俺とはまるで違う連中やな」

まずは筋骨隆々の「体育会系」。それも野球とかサッカーだけじゃなく、ヨット部とか自動車部とか、これまで見たことも聞いたこともないような部活の出身者までいる。見た目が単純にデカくて怖い。威圧感たっぷり。喧嘩したら（しないけど）絶対負ける。

次に「天才奇才系」。さすが広告会社、美術大学出身のデザイナーや、大学時代からすでにコピーライターを目指していたような連中が内定をもらっています。こちらは服装や髪型からして、入社前にもかかわらず、何か自己主張している。そして目線が宙をさまよっている。栄養が足りていなさそう。喧嘩は勝てるかもしれないけど、発想力の勝負だったら、ひとたまりもなさそうだ。

奥の方には一見、話が通じそうな一群がいて、近付いていくと、美男美女ぞろい、そしてスーツの着こなしが上品、心なしか口調もお高くとまっている感じ。あっ、ここはおそらくコネ（クション）で入ってきた「良家の子女系」だ――。

「今後ずっと、こんな連中と働かなあかんのか?」

しかしです。それから30余年、サブカル少年は、その広告会社で、もがきながら・ふんばりながら、働き続けたのです。生まれついての神経質、その上、ビジネスというもの自体に恐怖感を抱いていたにもかかわらず、我ながら、要領だけは良かったので、「体育会系」のスタミナ、「天才奇才系」のアイデア、「良家の子女系」の余裕に負けないための工夫や知恵を溜め込みながら、走り切った。

それは、言い換えれば「無駄なく・無理なく・機嫌よく」仕事をするための工夫や知恵。略して「MMK」。もがきながら・ふんばりながら編み出した冴えた方法論。

これがひとつ目の物語。だから、就職を考えている方、もしくは会社、それもわりと大企業に就職したという若手・中堅の方、それでいて「体育会系」「天才奇才系」「良家の子女系」じゃない、できればちょっとサブカルな心根のあなたに読んでいただきたいのです。

スージー鈴木局長、評論家になる

ふたつ目の物語について。

博報堂で働き続けました。言葉を選ばずに言えば激烈な労働環境でしたが、先の工夫や知恵でやり過ごし、残業時間はかなり少なく、身体と心を保全できていた方だと思います。

子供の頃はいわゆる「線の細い子」で、会社員なんか務まらないかもと、私も両親も危惧していたのですが、何とかうまくやれたと自負します。博報堂、ひいては広告業界が性にあっていたのでしょう（電通だったらどうだったのかなと考えます）。

入社当時から、会社の中で「スージー鈴木」と呼ばれていました。学生時代、そんなとぼけた名前でラジオに出演していたと採用面接で話したことに、かなりのインパクトがあったようです。

そんなスージー君は、会社に入っても、やっぱり何か書いたりしゃべったりする仕事をしたいという思いは捨てられませんでした。そもそも、広告会社を選んだのも、もしかしたら、メディアに近い分だけ、そういう方面でのチャンスがあるのでは、と思ったことも背景にあったのです。

いわゆる「アルバイト」としてテレビ番組のアイデア出し要員に加わったり、ＦＭラジオで小さなコーナーを持ったり、はたまた野球雑誌で、今に続くコラムを連載したりと、いろいろ細々と続けていました。

それでも、会社を辞めることなんて、正直、これっぽっちも考えていませんでした。なぜなら、そんな細々としたことだけで食べていけるイメージなんてなかったし、また正直、会社の仕事は楽しかったのです。どんどん楽しくなっていったのです。

しかし、あの日が来ます。２０１１年3月11日――東日本大震災。

詳しくは拙著『恋するラジオ』（ブックマン社）に書いたのですが、私は当日、大阪にいたにもかかわらず、かなり揺れたんですね。そしてテレビ越しに見る東北・東京の惨状。大げさに言えば、44歳にして、生まれて初めて、自らの死を現実的に考えました。

「果たして、このまま死んじゃっていいのか？」

それから、やっぱりやりたいことへの活動に拍車をかけようと思い、局長（普通の会社でいう「部長」の位置）になってからも、いろいろと動き、いくつかの本を出して、テレビやラジオに少しずつ出演できるようになりました。そして機は熟したと判断して、２０２１年11月末日、55歳になってすぐ、博報堂を早期退職。評論家として、晴れて一本立ちしたのです。

今から考えれば、「ＭＭＫ」なスタンスだったからこそ、他の世界を目指すことが出来たと考えます。逆に言えば、40歳を超えても、24時間会社にべったり拘束されていたら、決して叶わなかった。そうして今ごろ、人生にもっと悩んでいたはず。

　他の世界を目指す――すなわち、自分の本の構想を企画書にまとめ、知り合いをたどって広告業界外の人脈を増やし、企画が実ったら、週末にせっせと原稿を書くこと。これが出来たのは、心身ともにストレスフリーな仕事のやり方を会得していたからに違いありません。

　例えば、自著の企画書を書くときに、会社の仕事経験が活きる。会社員として、得意先の商品戦略云々みたいな、やたら複雑な事柄について企画書をまとめてプレゼンしてきたのだから、他の誰でもない自著の企画について、書面にまとめて説明することなんて、まぁ、たやすい。

　あと、細かい話ですが、会社員は「締切力」が高い。事前に約束した内容を期日に提出する能力。万が一間に合いそうにない場合は、早めに善後策を提案して、可能な限り「65点」（後述します）に近付ける能力。これは、今の私が相手にしている出版業界、放送業界では、かなりの差別化になる。

　これも「ＭＭＫ」の派生効果なのです。勘や思い付きではなく、汎用性・再現性のある形で、作業の進め方や、チームの連携の仕方を突き詰めた結果の副産物に他なりません。

これが、この本に関するふたつ目の物語です。会社の中で、中堅からいよいよベテランに差し掛かろうとしていて、何となく会社の中で先が見えた、他にやりたいこともある、一度きりの人生だもの……という気分の方に、ぜひ読んでいただきたい。

実際に辞めるかどうかは、個人の判断でゆっくり考えていただくとして、ただ、以降書いていくように、今置かれている立場で出来ることがある、山ほどあるということを確認するだけでも、生きる勇気のようなものが、ふつふつとわいてくると思います。

——スージー鈴木局長、評論家になる。

さぁ、次は、誰が何になるのでしょうか。

「会社員って、気持ちいい。」

メールも携帯もない、それどころかデスクの上にPCすら満足に揃っていない時代に私が入社してから、30年以上経ちました。

会社のあり方、仕事の進め方は変わったのでしょうか。もちろんメールや携帯やスマホやチャットなど、装備は劇的に進化しました。しかし、「ちっとも変わってないなぁ」と思うことも多い。

その代表は、会社員に対する仕事の「圧」ですね。これだけ装備が充実したのだから、業務は効率化して然るべきなのに、業務量はまったく減っていない感じを受けるし、装備充実の逆効果として、メールやチャットに24時間追い回されている気がして、つまり仕事のストレスは、より増している気がする。

ただ、変化したこともあって、それは会社にしがみつく人が少なくなったこと。労働流動性の高まり。背景にはもちろん、不景気の中で昇進・昇給がたやすくないこともあるのですが、その結果、「スタートアップ」という名で自ら起業することが今っぽくて、逆にずっと同じ会社にいるのは、センスのないダサい奴と思われがちに。

つまり、今起きているのは「会社員であり続けることはダサい」という空気のまん延です。仕事は昭和のように相変わらず窮屈だし、対して、いかにも令和的なスタートアップって何だかかっこいいし……。

それでも私が主張したいのは、会社員だから出来ることがたくさんあるということです。言い換えれば、会社員の無限の可能性――。

会社にまつわる面倒なあれこれは「ＭＭＫ」でやり過ごしながら、転職しても、起業しても、もしくは私のような趣味的なフリーランスになっても活きるような工夫や知恵を身に付ける。

そして機が熟したら、別の世界に飛び出す。気持ちよく退職する。無論、楽しいのであれば、退職などせず会社員であり続けてもいい——とにかく「会社員」という3文字にまつわる、いかにも前時代的で圧迫的でネガティブなイメージを、ポジティブに転換したい。無限の可能性を確認したい。そのヒントが、この本にはあると思います。

「会社員だから出来ること」と書きましたが、これは広告業界における広告コピー的な言い回しです。私はマーケティング職だったので、コピーなど実際にほとんど書かなかったのですが、それでも何千本・何万本とコピーを見てきましたので、多少の心得があります。この本のコンセプトを、コピーっぽく表記と句読点にこだわって書きくだすと、

「会社員だから、出来ること。」

「会社員って、たのしい！」

「会社員と書いて、自由と読む。」

「会社員から快社員へ。」

「ロックンロールとしての会社員。」

でも、私の思い付く、いちばん強いコピーは——。

「会社員って、気持ちいい。」

「いやいや、『気持ちいい』なんて言い過ぎだろう?」と私自身も思うのですが、広告というものは、真実を「大きく」語るものなのです。ちょっとでも「気持ちいい」側面があるとしたら、そこはぐんぐんと「大きく」膨らませていいのです。

さぁ、スージーという名の会社員が、どこでどうして気持ちよくなったのかを、ここから書いていきます。ご期待ください。

第一章　精神論――無駄なく・無理なく・機嫌よく働くために

仕事なんかで死んでたまるか

「仕事なんかで死んでたまるか」――。

これは、私が局長になった1年目に、40人ほどいた局員を集めて開催した全体集会＝「局会」のタイトルです。

ちょっと強めの言葉遣いをしたのは、こういうメッセージを上司が強く発してくれることを、部下は望んでいるだろうな、という考えがあったからですが、それ以前に、自分の働き方への思いを、心から正直に書きくだしたタイトルでもありました。

本当に死んではいけないと思います。でも、そう書くと、ある意味、当たり前のように響いてくると思うので、あえて逆に言えば、「無駄なく・無理なく・機嫌よく」。むしろ長生きするような感じで仕事に臨まないと、いい仕事など出来ないと考えます。

この局会を開こうと思ったのは、私が勤めていた博報堂のライバル的存在（企業規模は大きく異なりますが）の電通で、24歳の女性社員が過労死してすぐのタイミングだったからです。

広告業界というと、どことなく先進的で、スマートなイメージを持たれる方もいるかもしれませんが、過労死事件が起きるほど、旧態依然とした面も残っています。言わば、先進的というより戦士的な側面――。

「死ぬ気でがんばれ」「死ぬほど考えたのか」「死ぬ覚悟で行ってこい」――仕事現場で私は、「死」という言葉、ものものしい形容を何度も耳にした記憶があります。

ただ、冷静に考えれば、広告業界以外でも、芝居がかった形相で「死ぬ気でがんばれ」と言ってくる上司は、未だにいるでしょう。そして簡単には減らないはず。

私が思いやるのは、そういう言葉遣いをする上司よりも、そういう言葉に、必要以上に発奮してしまう部下のことです。

「死ぬ気でがんばっている自分」「汗をかいている僕」「徹夜している俺」に酔う若者が、私がいた会社を、いや日本の大企業を、ひいては日本経済を支えています。背景には、そこまでしないと評価が上がらない、昇進しないと信じ込んでいる、ちょっと不器用な若者の強迫観念がある。

いやいや、そこまでしなくていいんですよ。死ななくていいんだよ。

「無駄なく・無理なく・機嫌よく」仕事を進めていく方法は、これから書いていくように、100通りだってあります。ちょっとやり方と視点を変えるだけで、会社員生活はぐっと楽に、ぐっと楽しくなる。楽しくなると、生活全体がいきいきとし始め、結果、会社員としても、さらにいい仕事が出来るようになる。そして「幸福な退職」へ。

30年間勤め上げ、局長にまでなりながら、時間と労力の使い方を工夫して、音楽評論家として、本を出したり、テレビにも出て活動していた私の実体験から、その方法論を具体的に語っていきます。

とにかくまずは「仕事なんかで死んでたまるか」――すべては、ここからです。

「2枚目の名刺」を持つ

この本で主張したい、これからのあるべき会社員像を一言で言えば、それは「2枚目の名刺」を持つこと――。

別に「副業」を推奨しているのではありません。そもそも最近の副業についての議論は、その定義が曖昧過ぎると思うのですが、少なくとも私は、ここでいう「2枚目の名刺」について、「本業の会社とは別の法人の名刺」というイメージで捉えてはいません。むしろ、もう少しビジネスの香りが弱く、もう少し属人性の強い名刺を想定しています。地域活動や政治活動、ボランティアやNPO、NGO、私のような評論家やライターなど。それ以外にも、いろんな属人的名刺があり得るでしょう。

これ、つまり自分の腕っぷしで名乗る名刺のことです。「本業の会社とは別の法人」の社員になっても、組織人としての自分が肥大化・複層化するだけ。せっかく一度きりの人生ですから、自分の腕っぷしで勝負したくありませんか？

言いたいことは、本業の会社に、身も心も捧げてしまうなよ、ということです。

身もふたもない話をしますが、昭和と違って、この時代、ダイナミックな昇進も昇給もあり得ない。会社というのは、まるでその可能性があるかのようにニンジンをぶら下げて、社員の競争心を煽ることを、自社の成長の糧にしていますが、みなさん薄々察知している通り、多くの会社において、昇進・昇給の確率は、年々減る一方です。

逆に言えば、これからの時代、会社に身も心も捧げた社員よりも、多角的な視野と経験を持つ、2枚目・3枚目の名刺を持つ社員の方が、自社の成長に貢献できるというのも真実だと思うのです。

本業の1本足打法ではなく、2本足、3本足……いや、もっと多角的な才能を持った8本足＝タコ足打法へ。自分の才能のポートフォリオを、しっかりと組んでおく。

教育者の藤原和博氏が言うように、その領域について、日本において「100人に1人」だと自負できる専門分野を3つ持つ。すると「100人」の3乗で「100万人に1人」の存在になれる。言い換えれば（日本の人口が1億人として）、その3つの分野の総合点について、国内ベスト100に入る存在——。

私で言えば、会社員時代に培ったマーケティングに加えて、現在の本業である音楽評論、あとは、この本の執筆によって、働き方の論客として「100人に1人」になろうかしら。

では、その「2枚目の名刺」の作り方について。もう具体的に活動している人ならともかく、まだ何もしていない1本足打法の方は、どんな肩書きにするのかなど、考え込んでしまうことでしょう。

とりあえず適当に、一般用語でも造語でもいいので、もっと言えば「スイーツ愛好家」などでもいいので、適当な肩書きを付けて、ネットなどでさっさと作っちゃうことです。

名刺という具体を作ることで、概念が可視化される。無から有になる。この一歩はめちゃくちゃ大きな一歩なのです。というわけで、つべこべ言わず、さっさと作っちゃってください。

定時に帰る確実な方法

いきなり脱線しますが、私は「絶対風邪をひかない方法」というのを、この10年ほど実践しています。結果、絶対風邪をひいていない、とまでは言い切れませんが、それでも会社を休むほどの風邪をひくことはありませんでした。

その方法とは――「私は絶対に風邪をひかないと、心に誓うこと」。

「おいおい、精神論かよ」と思われるかもしれませんが、呆れずに続きを読んでください。

「絶対風邪をひかない」方法論の続き。できれば「俺は絶対に風邪をひかないと心に誓ったから、絶対風邪をひかないんだ」と、周囲の人々に言ってください。効果が倍増しますので。

さて、これが単なる精神論／根性論ではないことを解き明かしますね。

「絶対に風邪をひかない」と心に誓うこと、さらにはそれを周囲に言うことで、あなたの心の中にある、風邪に対するセンサーが過敏になります。そりゃそうでしょう。医学そっちのけ、精神論めいた怪しいことを周囲に喧伝してしまったのですから、あなたがうかつに風邪をひいたりすると、とてもかっこ悪いことになります。

そうなると「あれ？ ちょっと風邪をひいたかも……」という時点でも、「風邪センサー」が敏感に働き、先んじて、早く寝るとか、お風呂に長く入るとかの対応をすることが出来る。結果、風邪をひかない――。

脱線が長くなりました。この項のタイトルに書いた「定時に帰る確実な方法」とは。もうお分かりですね――「私は絶対に定時に帰るんだと、心に誓うこと」。

私が30年間、自社だけでなく取引先なども見てきて思うのは、「私は絶対に定時に帰るんだ」と念じている人が、会社の中には驚くほど少ないということです。

会社員の方なら分かると思うのですが、オフィスって居心地がいいんですね。もちろん会社によりますが、この本で想定している大企業は、空調が効いていて、ネット環境も充実していて、トイレを汚しても誰かがきれいに掃除してくれる。

居心地がいい結果、とりたてて仕事がなくても、ダラダラと真夜中まで居残ってしまう会社員が、いかに多いことか。

でも、そのダラダラによって、平日夜という、いろんな人に会ったり、いろんな文化に触れたりできる、キラキラした時間の可能性を失っているのです。

だからとにかく、具体的に「私は絶対に、18時きっかりにオフィスの玄関を出るんだと、心に誓う」。すると、人間の頭は建設的なもので、「18時に帰る」ために、1日をどうプログラムするかを考え始める。

言い換えると、定時帰宅を妨げるものを感知する「定時帰宅センサー」を過敏に働かせる。

18時に帰るために――。

「あの打合せは30分で終えねばならない、そのためには打合せ用の資料にあのパートを加えておこう」

「残念ながらランチの時間は確保しにくい。屋台で売ってるカキフライ弁当で済まそう」

逆に——。

「この資料は明日以降の作成でいいだろう。今日は手を付けずにいよう」

と、建設的なアイデアが、頭の中でむくむくと動き始める。

言ってみれば、私の会社員生活は、こういうことをずっと考え続けていた30年でした。その分、他の会社員よりは、いろんな人やいろんな文化に触れられたという自負があります（それでも十分だったとは思っていませんが）。

精神論は大切なのです。その向こう側に、具体的かつ建設的なアイデアが待ち構えているのであれば。

「65点主義」という考え方

約30年にわたる会社員生活の支えとなって、最後の方では、一種の信念のようになっていた考え方が「65点主義」です。

「仕事なんて65点でいいんだ」

管理職として、部下にそう宣言し、また、そういうマネジメントをしますよと、役員などに触れ回りました。

上からの評判はあまり良くなかったですね。「仕事というものは、まずは100点を目指すものだろ?」と、何度もツッコまれました。「分かってねぇなぁ……」などと思いながら、でも面倒なので、「ですよねー」と返したものですが（この「ですよねー」の効用に関しては後述）。

会社の仕事、とりわけ私が携わっていた企画職というのは「まずは100点を目指せ」と言われがちです。がんばって、歯を食いしばって、時間をかけろ。すると、満点の企画にたどり着ける——。

でも、そういう考え方が幼稚だと思うのです。「幼稚」が言い過ぎならば、仕事の現実に即していない。

大前提として、100点満点のアウトプットを出すには、時間がかかります。私の体感で言えば、65点のアウトプットに1時間かかるとして、100点満点を取るためには4時間かかる感じがします。点数が上がるほど、時間効率が悪くなる（31ページ上図）。

4時間かけて100点満点のアウトプット。結構なことです。が、今どきの会社員は、たえず複数の案件を抱えています。1つの仕事に4時間なんて、とてもかけられません。だとすると、ここは割り切って、4時間あるなら65点、つまり合格最低点、足切り点

ギリギリの仕事を４つこなす。こちらの方が、よりプロフェッショナルではないでしょうか？（次ページ下図）

65点×４時間＝２６０点。１００点の何と２・６倍の仕事量。

会社員の仕事には締切が付き物です。取引先は、その締切日を前提として、自社のビジネススケジュールを組んでいます。多くの場合、（多少のバッファはあるにしても、原則）締切に遅れたら０点になってしまいます。

だとしたら、悠長なことは言っていられない。「１００点のために締切に間に合いませんでした」という選択肢などあり得ない。とにかく締切日までに「合格」のアウトプットを提出しておく。場合によっては、そこから修正のやり取りをすることだって出来るかもしれない。

だから「65点主義」を採用するのです。

「仕事なんて65点でいいんだ」。もう少し具体的に言えば、「仕事とは、１つの１００点満点仕事ではなく、４つの65点仕事を目指すんだ」。

そう考えるべきです。なぜならこれは勉強ではなくて、仕事なのですから。

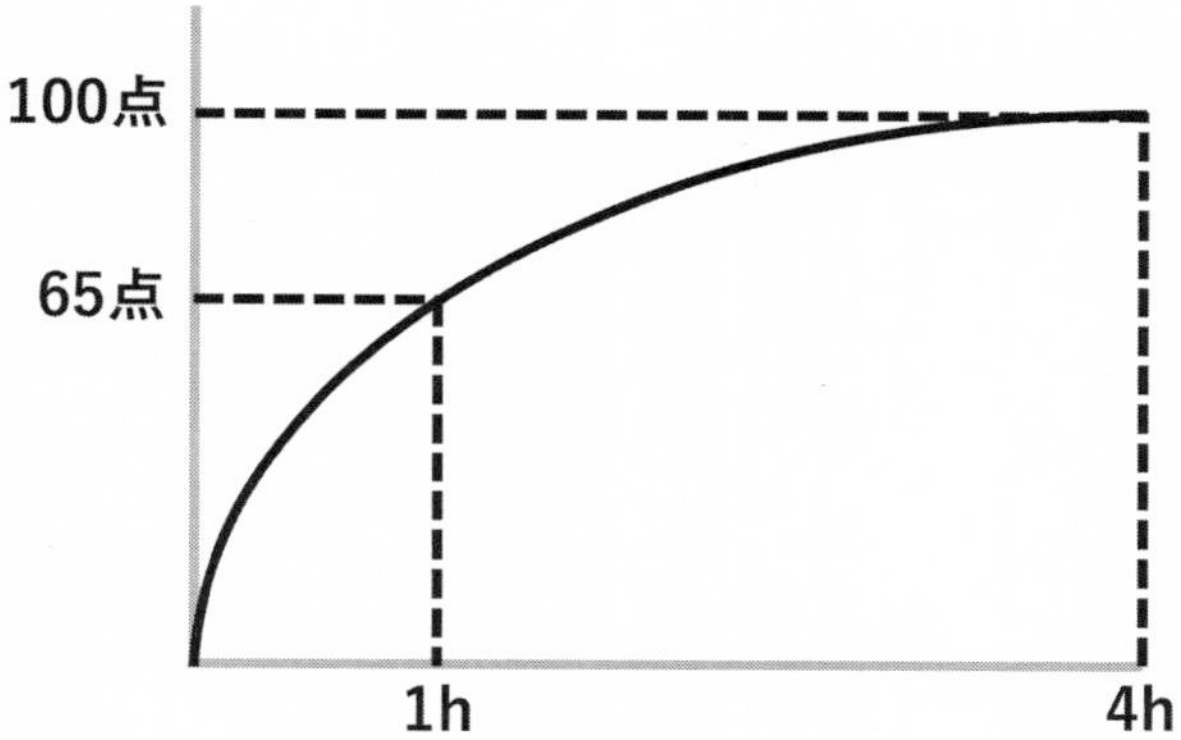
100点
65点
1h
4h

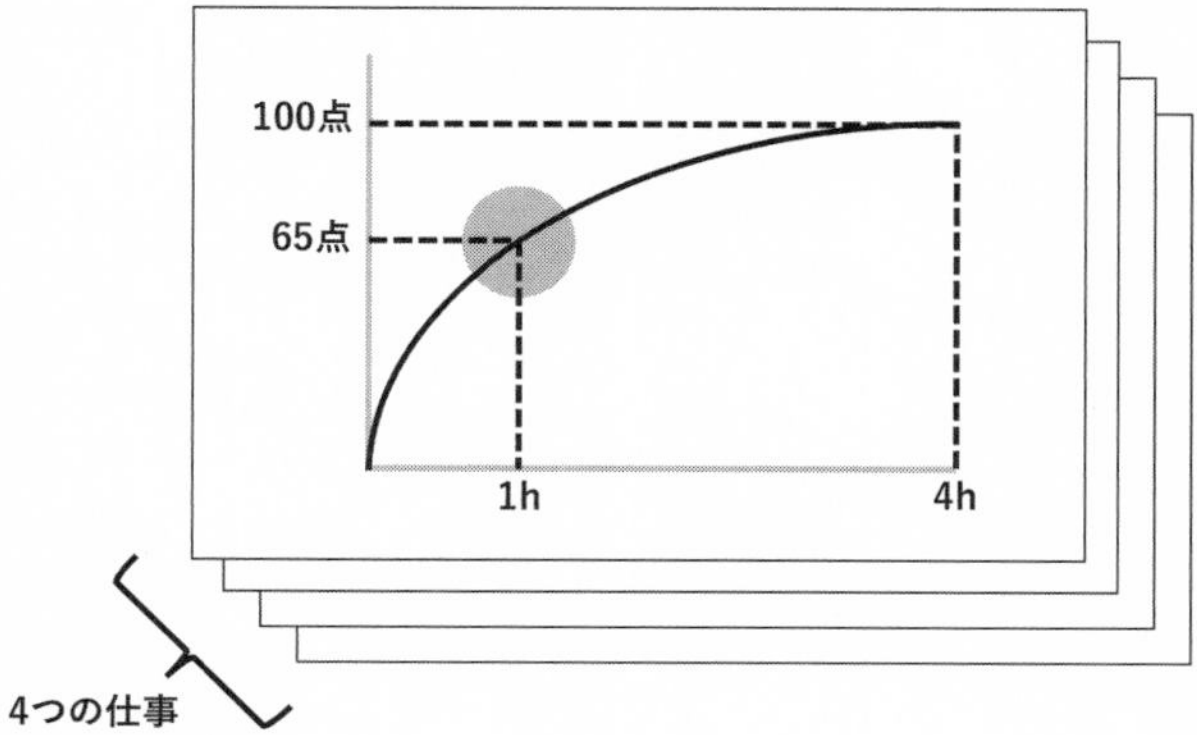
100点
65点
1h
4h
4つの仕事

「無駄なく・無理なく・機嫌よく」（ＭＭＫ）

ここまで述べた精神論を、コンセプト化すれば「無駄なく・無理なく・機嫌よく」となります。さらにキャッチーに、頭文字を取って「ＭＭＫ」。

まずは「無駄なく」。言い換えると「効率化する」ということですが、個人的には、もうちょっと人間的で、かつ昭和っぽい表現＝「能率を上げる」の方がしっくりきます。

会社員時代、いつも頭に浮かべていたのはテトリスの画面でした。上から作業が降ってくる。それもいろんな種類（形）の。それら矢継ぎ早に降ってくる作業群の中身を察知し、仕掛かる順番を考えて、横一列を一気に消すことを目指すゲームという感覚。

追って説明しますが、例えば「メール力」――的確な日本語を駆使して、複雑な内容を過不足なく伝えるメール作文力――を活かせば、チーム内の認識相違や、それにまつわる再確認作業などの時間を削減できて、つまりは無駄が一気に省けます。

ただ「無駄なく」だけを意識し過ぎると「無理」が生じます。個人的にも何度も経験があるのですが、自分的な「無駄なく」論理で、能率を上げよう、上げようと思うほど、それに付いていけない周囲に、しわ寄せが及んで機能不全を起こすのです。

しわ寄せは周囲だけでなく、自分自身にも来ます。たまに、ふと苦しくなって、ＰＣ

の手を止めながら思ったものです。「あれ？　何で俺、こんなに焦ってるんだろう？」と。

従って、「無駄」だけでなく「無理」も排除すること。この両立が大事だと思うのです。比喩的に言えば、「無駄なく」が、燃費のいいエンジンだとすると、「無理なく」は、そのエンジンをスムーズに動かすためのエンジンオイルです。この点についても、この後、具体的に説明していきます。

そしてある意味、いちばん大切なのが「機嫌よく」です。自分も周囲も「機嫌よく」。意味的には「気分よく」でもいいのですが、「機嫌よく」の方が、何というか、幸せそうな感じがしませんか？

「無駄」「無理」の排除に汲々とするのではなく、それをニッコニコしながら、まるでクレージーキャッツ映画の中の植木等のように、大笑いしながら「機嫌よく」仕事をすること。

以上の考えは、「快」という、たった1つの漢字にまとめられます。

「快速」で、でも「快適」で、そして「快活」な仕事っぷり。それが出来る人が――「快社員」。

その昔、「モテて、モテて、こまる」を「ＭＭＫ」と略すのが、少しだけ流行ったと記憶しますが、これからの「ＭＭＫ」は、「無駄なく・無理なく・機嫌よく」です。そして、その先にあるのが——「幸福な退職」なのです。

以上の精神論、「ＭＭＫ」を目指す「快社員」としての心の持ちようを大前提としながら、ここからは具体的な働き方を考えていきます。

第二章　時間論——定時に退社するための時間「濃縮」法

時間を動かす。自分から

続いては「時間論」です。具体的に言えば、この章では、仕事に費やす時間をどう短縮するかが、主たるテーマとなります。

ただ、いきなりですが、この「短縮」という言葉に、少し引っかかりを覚えます。というのは、会社員にとって仕事というものは、そもそもが他人都合なもの。自分の一存で、そう簡単にコントロールできるものではない。だから「短縮」は難しい。

30年間の会社員生活で私が培った時間論によれば、重要なのは、「短縮」というより「濃縮」という感覚です。同じ1時間があるとして、空虚で手持ち無沙汰な1時間を、どう濃密でパッツンパッツンな1時間に転換するか。

会社員にとって、もっとも空虚な時間。それは「待ちの時間」です。人が来るのを待つ、連絡が来るのを待つ。資料が届くのを待つ。待つ。待つ。これほど空虚な時間はありません。しかし、すべての会社員にとって、この「待ちの時間」は不可避です。

まずは、この「待ちの時間」を「濃縮」化しましょう。私が、とりわけ歳を取ってから採っていた方法は、自分から動くということでした。

具体的には、人が来るのを待つのではなく、自分から、その人のところに行く。連絡や資料を待つときも、自分から催促したり、自分から取りに行ったり。

会社員というもの、歳を重ねると、自分から動くのが億劫になります。もちろん身体的にもしんどくなるのですが、それよりも精神的に、「それなりの年齢・役職なのだから、自分から積極的に動くのは、貫禄がない感じでみっともない」と感じて、億劫になるのです。

でも、そうやって、自分から一切動かず、ただ待ち続けていると、相手（それは往々にして自分より若い、つまりは忙しい）が遅れたり、時にはアポ自体を忘れられたりして、「待ちの時間」は、どんどん延びていくのです。残念ながら。

だから自分から動く。特に人と会ったり、資料をもらったりする場合には、社内でも社外でも、必ず自分から会いに行く。取りに行く。すると、（自分が遅れない限り）約束の定時から会うことが出来ますし、また、自分からちょこまか動く分、歩数も稼げる。つまりは、健康にもいい。

それにしても、先の「それなりの年齢・役職なのだから、自分から積極的に動くのは、貫禄がない感じでみっともない」という感覚は、本当にくだらない。やや大げさに言えば、このくだらない自尊心こそが、日本企業を硬直化させているとまで思うのです。

自席にふんぞり返って、人と情報を待つだけのオヤジ。そんなオヤジからは人や情報が離れていきます。逆なんです。歳を重ねるほど、社内の若者や取引先に対して、自分から積極的に動く。自分から動いて、時間を積極的に動かしていく。そうすると、人や情報が集まってきます。

自分から動いて、時間を「濃縮」しましょう。すると、時間だけでなく、仕事も、そして人生全体の濃度も高まっていくはずです。

2つの「5×10の法則」

勤務時間の「濃縮」に対する最大の敵は、会議です。

会議や打合せは、あまりにもボスキャラ過ぎるので、後ほど「会議論」という独立した章を立てて、じっくりと考えますが、「時間論」の観点から見た場合においても、「開始時間が遅れる」「結論が出るまでに、どれくらい時間がかかるかが分からない」という2点において、非常にやっかいな存在です。

そこで、会議参加者に向けて、徹底しておきたい考え方があります。それが「5×10の法則」。これ、実はオリジナルで、会社員時代に私自身が編み出したものなのですが。中身がぐっと「濃縮」された、いい会議のために憶えておくべき、スージー鈴木作「5×10の法則」。この法則にはネガティブ版とポジティブ版の2つがあります。

ネガティブ版は、先の「開始時間が遅れる」という問題に対応したもの。要するに、遅刻を防止するためのもの。

会議の参加者が5人で、その中の1人が遅れた時間が10分だった場合の「5×10の法則」。5人のうちの1人が10分遅刻して、会議が定時の10分後から始まったとすると、遅刻が生んだ損失は、その人自身も含めて5人×10分＝50分だという計算。

遅刻における損失は、ついつい自分の10分だけだと、無意識に矮小化している人が多いのですが、あなたの10分遅刻は、手持ち無沙汰で何も出来ない不毛な10分を、あなた以外の他の参加者にも、強制的に撒き散らしているのです。

特に10年以上前の広告業界の会議においては、遅刻が付き物でした。それも会議のキーパーソン――具体的には、重鎮のクリエイティブディレクターや大物営業部長など、「最終的にイエスorノー、ゴーorストップを判断する人」が遅れてくるのだから、話になりません。

「重鎮や大物だから遅れていいんだ。重鎮や大物だから時間通りに来ていると威厳が損なわれるんだ」という、当時の広告業界に渦巻いていた謎の観念。私が会社生活を懸けて、ずっと戦い続けた相手です。

さすがに今は、そんなポンコツな会議は減っていると思います（そう信じたい）。少なくとも私が勤めていた会社では、事実、私が退職する寸前には、かなり減ってきていました。というか、そんなポンコツ会議の排除に、私自身も少なからず貢献したと自負しているのですが。

このようなネガティブ版「5×10の法則」を、まずは参加者に周知徹底しておくことが大事だと思います。

ですが、さらに重要かつ本質的なのは、ポジティブ版「5×10の法則」です。

これは、会議のテーマに関して、たった10分でもいいから、時間をかけて参加者が何かアイデアを考えてくる。できれば、それをメモにしてくる。すると、ゼロベースではなく、5人×10分＝50分の事前アイデア群から議論を始めることが出来るので、えらく効率的だという話。

実は、この点については、広告業界において、意外にも十分に意識徹底されているところなのです。

特に広告企画の会議においては、自分のアイデアを通したい、通して、得意先の広告予算を使って、そのアイデアを世に出したいという参加者の欲望が渦巻いています。なので、かなり周到に準備されたメモを、みんなが持ってくるのです（周到過ぎて、そのメモの説明に長時間かかることがあるのは面倒でしたが）。あの「事前アイデア文化」は、広告業界のいいところだと、掛け値なく思います。

総じて思うのは、会議や打合せを効率化するのは、結局参加者の意識だということです。定時から始めるという意識、事前に何か考えておくという意識、2つの「5×10の法則」が、いかに参加者の心に刻まれているかが大事。

10年以上前の深夜の大会議室、開始時間を過ぎても、重鎮や大物が待てど暮らせど来ない、連絡すらない中で私は「5×10の法則」、いや「20人×60分、70分……」と、法則の数値が法外に増えていくのを暗算しながら震えていました。

　そんなポンコツな会議は減っているはず。いや減っていてほしい。私は心からそう信じたいのです。

午前中は機械的作業から

時間の使い方に関して、午前と午後では、方針が異なってくるのではないかと、ずっと思い続けていました。

　というわけで、ここでは、時間の使い方についての方針を、午前と午後に分けてご紹介したいと思います。ただし、これはあくまで私自身が「無駄なく・無理なく・機嫌よく」仕事をするための方針に過ぎないので、これを参考にしながら、読者のみなさんは、自分なりの方針を作ってほしいと思います。

　朝早くは、みなさんもそうでしょうが、なかなか脳が稼働しません。そういうときに、いきなりギアをトップに入れる、つまり大きくてタフな仕事に向かうのは無理がある。そこで私はまず、機械的な作業をすることで、脳をアイドリングさせていました。

まずは、昨夜のうちに届いていたメールへの返信。そして、サインや押印だけで済むような書類の処理など。

余談ですが、私は会社員時代、経理や人事関連の書類提出の締切を、いきおい遵守するようにしていました。

というのは、会社員の傍ら、ネットに原稿を書いたり、テレビやラジオに出演したりする時点で、いい意味でも悪い意味でも、社内から目を付けられています。「悪い意味」というのは、「あいつチャラチャラしやがって、会社員として、ちゃんと仕事してるのか?」という、ある種やっかみの視線です。

その視線は、揚げ足取りに直結します。「ほら見ろ、やっぱあいつダメ社員じゃん!」と言いたい、言いたくてしょうがない連中が、自分の背後に何人か隠れていると思い続けていました。

そういう連中に、分かりやすく揚げ足を取られるのが、事務的作業におけるミスです。とりわけ書類提出の締切破りなんて、こんなに分かりやすいミスはない。

逆に、そういうのをビチッと守れば、経理や人事方面から「あいつ、チャラチャラしてるけど、案外ちゃんと仕事してるのね」というシンパシーを得られたりもするのです。

企業の中における、経理や人事関連の書類の作成や提出なんて、当時は、とても面倒くさいと思っていたものですが、フリーランスになって思うのは「今から考えれば、あんなの、オートマティックで楽だったなぁ」ということです。

妙な言い方ですが、フォーマットやプロセスが、とても洗練されているのです。何千回何万回と繰り返される中で、「無駄なく・無理なく」研ぎ澄まされてきたのでしょう（逆にいうとフリーランスは、アナログ・アナクロな書類作成に忙殺されます）。だからあまり億劫に思わず、かつ揚げ足を取られないように、朝一番に粛々と進めるのがおすすめです。

「毒見」と「突然仕事」

あと午前中には、溜まっている案件すべてに少しずつ手を付けておくのがよいでしょう。これを私は「毒見」と呼んでいました。狙いは何かというと、それぞれのボリュームを、早めに把握しておくということです。

「あの仕事、まだ手を付けていないけど、どれくらいの重さなんだろう？　締切はいつなんだろう？」――そんな思いが積もり積もると、とても不安になるものです。だから、早めの「毒見」でボリュームをつかんでおいて、午後の仕事の流れをプログラムするべきなのです。

あとこれは、午前・午後というより、もっと前提の話になりますが、「自分の脳が元気に仕事できる連続耐用時間」を知っておいた方がいいですね。私の場合はどうも45分くらいで、これを超えると、途端に効率が悪くなるのを体感的に理解していました。ということは45分を1コマとして、それぞれのコマで何をするかを、プログラムすればいいということになります。

以上、さもとても合理的でクレバーな会社員面をして書いてみましたが、それを、あさっての方向から蹴り飛ばすのが、突然、上司から降ってくる作業や、突然、得意先から呼ばれたりすることです。午前・午後と、きれいにプログラムしたとしても、突然の横やりでご破算となることは正直、日常茶飯事です。

そんなときは……まずは腹をくくって、「突然仕事」に虚心坦懐に対応しましょう。そして気持ちも新たに、またプログラムし直す。

「おいおい、『突然仕事』で今夜残業になっちまうよ」——あきらめない。あきらめない。そんなときこそ、午後の使い方を工夫するのです。

抜け道を探し続ける午後

さぁ、お昼ごはんを食べて、いよいよ午後に突入です。会社員以外としての時間を過ごす夜に向けて、例えば映画やコンサートを観に行くとか、誰かと食事をしに行くとかの予定が決まっていれば、状況が差し迫ってきます。

この、「差し迫る感じ」との付き合い方が非常に大事だと、私は考えます。逆に言えば、「差し迫る感じ」と付き合わずに、ダラダラと残業する会社員がいかに多いか。「差し迫る感じ」があること。それは実は誇らしいことなのです。なぜならば確固たる「会社員以外の自分」を持っているということなのですから。だから、「差し迫る感じ」に過度に怯えずに、仲良くすることが重要なのです。

午後に向けて、まずは目標となる時間を決めましょう。具体的な方がいいですね。「18時頃に仕事を終わろう」ではなく、「18時10分にロビーを出て、18時16分の丸ノ内線に乗ろう」ぐらい明確に。明確にする理由はもちろん、そのあたりを曖昧にしておくと、結果「差し迫る感じ」もフワッとぼやけて、予定時間に遅れることになるからです。

目標時間を定めました。おっと、その時間までには終わりそうもないほど、仕事が溜まっている。さぁどうする？

抜け道は――ある。絶対にある！

これ、30年間の経験から導き出した感覚。会社員の仕事というものは、一見無理無理な感じに見えても、絶対に抜け道があるのです。ここは信じてほしい。

午後に見定めるふたつの抜け道

ではその抜け道の見つけ方。ひとつは、先に述べた「65点主義」の発動。言い換えると「合格最低点」を見極めるということ。その仕事、その作業の65点水準の仕上げ方を探ること。

例えば資料作りで「こんなに華美なパワポでなくてもいいんじゃないか？」「画像とかグラフとか、そもそも要るのかしら？」「ここは、わざわざ資料にしなくても口頭で説明できるかも」などと、あらためて問い直すことです。

会社というもの、「65点主義」ならぬ「100点満点主義」が跋扈《ばっこ》しています。とにかく、寝食を忘れるくらい、満点を取るまで諦めないという空気。それが、大げさに言えば、戦後の日本企業を急成長させたと思うのです。

ただ私が思うのは、そもそも私（たち）には、会社員以外の予定がある、18時16分の丸ノ内線に乗るという現実があることに加えて、設定した１００点満点は本当に満点なのか、疑わしくなる場合がある、ということです。

自分では１００点満点だと思っていた準備も、例えば打合せやプレゼンで提出したところ、全然違っていた、50点にも満たなかったということが少なくない。仕事は生き物ですから、正解＝満点は日々刻々と変わっていきます。ビジネスの正解はビジネスの状況が規定する。

そういう意味からも、自分が（もしくは周囲が）設定した満点にこだわる必要はありません。満点の準備でヘロヘロになって打合せに臨むよりも、むしろ65点で緩く構えておいて、映画を観に行ったリフレッシュした頭で、いきいきとした当意即妙な対応でやり過ごすことが、私の好みですし、今風だとも思います。

抜け道の見つけ方のふたつ目は、「明日に回せる仕事の見極め」です。

「１００点満点主義」に加えて「今日出来ることは今日するべき主義」が跋扈しているのが会社です。確かに、今日出来ることは今日のうちに全部してしまうと気持ちいい。その後に飲むビールはうまい。でも――その乾杯は21時ごろになっているんですよね。

私が提唱したいのは、「明日出来ることは今日しない主義」です。これにも先ほどと同じような理由があって、明日になると、その仕事についての満点基準が変わっている可能性がある。という意味からも、あまり先へ先へと進め過ぎない方がいい。

以上が、午後の使い方です。読んでいるうちに、いかに仕事から逃げるかみたいな話に感じた方もいるかもしれませんが、違います。「無駄なく・無理なく・機嫌よく」仕事をするための方法を編み出すことから決して逃げず、仕事の抜け道を探すことに、めちゃくちゃ頭を使うというポリシーなのです。

定時から飲むための地道な戦い

以上、スージー鈴木の「時間論」をまとめてみました。ですが、実際こういう時間感覚を導入しようとしても、最初はなかなかうまくいかないと思います。そして私自身も、ここまで書いたような「時間論」を理想としながら働いていましたが、正直かなりの試行錯誤がありました。

長く地道な戦いなのです。旧態依然とした時間感覚が覆っている企業の中で、無駄なく無理なく、労働時間を「濃縮」することは。

ただ、戦い続けることが大切。

戦い続けている中で、まず、あなたの時間感覚を周囲が認め始めます。そして次に、その時間感覚に合わせるよう、周囲が協力し始めることでしょう。さらには、時間感覚を共有する同志が増えていきます。だから諦めないでほしいのです。

今、私が思うのは、あの喜びを感じてほしいということ。

あの喜び――「100点満点の仕事をやりきった、明日出来る仕事も今日中にやっちゃった。あぁうれしい。ビールでも飲むか。もう21時だけど……」ではなく、「65点の資料しか作れなかった、明日出来る仕事は明日に回した。でも、とりあえず怒られはしないだろう。そして私は今、18時から、会社員としてではない時間を満喫している、最高!」という。

そういう喜びに溢れた企業は、新しい働き方・働き甲斐を満喫できる、新しい感覚の企業として、従業員満足度（ES）も向上し、ゆくゆくは経営状態も元気になっていくと思うのです。

この「時間論」の章を書きながら、会社員時代のいろいろな場面を思い出しました。深夜からの打合せに、大物クリエイティブディレクターが遅れてくることになり、手持ち無沙汰になった参加者が、不愉快な気分を押し殺して雑談している場面も、当然思い浮かんだのですが、さらに何度も思い浮かんだシーンは、実は飲み会です。

とにかく遅れてくる連中が多かった。人にもよりますが、30分、1時間ほど遅れる奴がいるのが普通。いや、そういう連中のいない、全員が時間通りに集まる飲み会など、極めて稀でした。

私自身は、ここまで書いたようなことを心がけていたので、ほぼほぼ定時に到着していて、いや、だいたい定時より前に来て、「先にビールでうがいでもしときますか？」とか言いながら、すでに来ている少人数で早めに飲み始めている。

そんな中、30分、1時間、平気で遅れてくる同僚の顔を見て、私が感じていたのは、怒りというよりも憐れみでした。

「こいつの人生トータルで、飲み会を何時間、何日、何ヶ月分ロスしてるんだろう？可哀そうに……」

飲み会なんかより、仕事の方が大事、その上、ちょっと遅れていった方が「仕事に追われる忙しい俺」という感じに見えてかっこいいかも——という価値観は、いうまでもなく、本書で提示している価値観と真逆のものです。

最後に2点だけ。ひとつは、この「時間論」、結局、上司つまり年寄りが変わらなければダメだということ。

年寄りになればなるほど、時間を守って、自分から動いて、満点なんて知らないよと、せっせと仕事を切り分けて、気が付いたらもう会社を出ている――そんな上司が増えれば増えるほど、加速度的に状況は変わっていくだろうということです。

ふたつ目は、残業代の問題です。特に若手には、残業代が収入の柱になっている会社も多いので、つまり早く帰ると損をするということになる。だとすれば「濃縮」する必要なんかないことになる。

それでも「濃縮」には絶対にチャレンジしておいた方がいい。そもそもあなたは会社員以外の時間を求めているのだし、そしてゆくゆくは、時間そのものではなく、時間あたりの生産性によって昇給・減給されるような給与体系に変わっていくと思うからです。

長く地道な戦いを始めよう。明日から、いえ、今日から。ここについてだけは、明日出来ることを今日からやりましょう。

第三章　後輩論——生き抜くためのプレイと自己顕示欲とパロディ化

「後輩プレイ」を身に付ける

ここからは、主に（大）企業に勤める若い読者の方々に対して、メッセージを送りたいと思います。

会社員時代、自分の部門に新入社員が配属されたら、私は必ず開口一番、「可愛がられることが大切だ」と教えてきました。意味としては、可愛がられると、上司や周囲からアドバイスやサポートを受けることが多くなり、その結果、成長が早くなる、という考えで「可愛がられなさい」と言い続けてきたのです。

ただ、今から考えると、「可愛がられろ」という教えは、新人からしてみれば、下手をすると「ニコニコしてろ」「バカのふりをしろ」「自我を殺せ」という意味に聞こえたかもしれません。だとしたら私は、罪なことを言い続けていたものです。

もう少し、具体的に分かりやすく伝えるべきでした――「後輩プレイをしろ」と。

「後輩プレイ」という考えも、ある意味では「ニコニコしてろ」「バカのふりをしろ」ということにつながるのですが、でも、たかが「プレイ」なんだから、決して自我までは殺しちゃいけないというニュアンスも込められています。

先に書いた「2枚目の名刺」論もそうなのですが、この本で書いていることのベースには、「幸福な退職」に向けて、自らの社会的価値をひとつ（会社員、その中でも後輩、新人……）に規定するなという考え方があります。

この複雑で不透明な時代、社会的価値を会社員だけに規定して、その規定にがんじがらめになるなよ、むしろ多面的な社会的価値を、状況や課題に応じて、まるで服を着替えるように華麗に使い分ければいいじゃないか、という考え方。

さらに言えば、複数の社会的価値の根っこにある自我、つまり「私はどう生きたいのか」というポリシーまでは、そう簡単に侵食させない。仮に、会社員という社会的価値のワン・オブ・ゼムに、万が一失格の烙印を押されようが、決して自我を揺るがせたりしない。そういう生き方が、今の時代には大切だと思うのです。

話を戻せば、新人は、心の中でペロッと舌を出しながら、半笑いで「後輩」を演じればいい。

なぜか。理由のひとつ目は、先に述べたように、たとえプレイだったとしても「可愛い後輩」には、「可愛くない後輩」よりも、周囲からアドバイスやサポートをもらえる確率や頻度が高まるから。理由のふたつ目は（これはひとつ目の理由の背景なのですが）、後輩を預かる上司の側も、実は「上司プレイ」をしているからです。

後輩に対して、気遣わなきゃいけない。教えなきゃいけない。ちょっとはキツいことも言わねば。逆に言えば「可愛くない後輩」は、ビシッと厳しくしつけなければ……。

余談ですが、新人を受け持った上司の側がメンタルダウンする事例を、会社員時代に何度となく見かけました。普通は、新人の方が心を病むものですが、場合によっては「いい上司でいなければ」「ちゃんと新人をしつけなければ」と思い詰めた上司の側が病むことがある。それくらい「上司プレッシャー」は、最近の企業社会の中では、重いものなのです。

要するに、企業というのは、実は「後輩プレイ」と「上司プレイ」によって出来ています。退職してしまった身からすれば、後輩も上司も、もっとフラットな関係になって、タメ口で話してもいいじゃないかと思うのですが、なかなかそうはいかないのが日本企業。

だとしたら、そんな空気に抗ってもしょうがない。四の五の言わずに、可愛い可愛い「後輩プレイ」を身に付けて、上司や周囲からやいのやいの言われるのを、どんどん吸収して、上司も、そして結果的には自分も、ストレスなく機嫌よく仕事をすればいいと思います。まぁ、「上司プレイ」「上司プレッシャー」などから自由な、本質的に優秀な上司なら別ですが。

ただ、しょせんは「プレイ」なんだから、自我までは決して殺さない。

それでも、「後輩プレイ」の防波堤が決壊して、あろうことか、自我までグラグラと揺るがされるのであれば、そんな会社は、もう辞めてもいいと思います。

あ、「後輩プレイ」が求められる理由の3つ目を書き忘れました。それは、会社というもの、新人時代だけでなく、10年、20年、30年勤め上げたとしても、おそらく、あなたにはまだ上司がいるのです。つまり、会社員であり続けるということは、誰かの「後輩」でい続けるということなのです。

スプーン1杯の自己顕示欲

前項の「可愛がられることが大切だ」同様、会社員時代、特に管理職になってから、新人を迎えたときに伝えていた言葉に、「1つの仕事に1つのアイデアを」がありました。

含意としては、新人時代には、コピー取りとか、議事録作成とか、一見「作業」、ひいては「雑務」に見えるオーダーも多くありますが、それでも「作業」「雑務」と簡単に見切らず、アウトプットに少しでもいいから、自分ならではのアイデアを入れてみよう。それを繰り返していくと、1年、2年経つと差が出てきますよ、ということです。

これ、書きながら、あらためていいこと言ってるなとも思います。ただ補足すれば、コピーの取り方も昨今は、どうしたら見やすく、かつ環境にも配慮した形で用紙設定するかというアイデアが求められますし、議事録作成と簡単に言っても、あれはなかなかに知性が求められるものです。なので完全なる「雑務」ではないですね。

新人が求められがちな、基礎的な情報／データ収集なんて仕事は、これはもう、ピュアにアイデアそのものが問われます。どういう視点でデータを集めて、どういう順序でデータを整理するか。これは多分、ＡＩには出来ないもののような気がします。

というわけで、新人時代から、すべての仕事にアイデアを入れ込もうということなのですが、本書としては、もっと意識を高く設定することを要求したいと思います。

――「1つの仕事にスプーン1杯の自己顕示欲を」。

そうです。求められた仕事すべてにおいて、あなたの個性、趣味、関心事……自我を表明するのです。スプーン1杯でもいいから、そのコピー、その議事録、そのデータ収集に自己顕示欲をまぶすのです。

具体的に説明しましょう。私は若手時代から野球好きでした。単に好きに留まらず、「野球について見識を持っている奴がいる」として社内外で知られて、あわよくば、野球に関する仕事を社内外からいただこうと狙っていました（広告会社にはよくしたもので、野球に関連する仕事もたくさんありました）。

なので、いきおい自分のアウトプットに野球のアナロジーを入れ込むのです。企画書の中で、得意先の競合ブランドを野球選手に喩えたり（例：「Bブランドは中日の井端弘和みたいにしぶとくシェアを守っています」）、1年間の広告計画を球種に喩えるプレゼンをしてみたり（例：「導入最初の3ヶ月は150キロのストレートで若者向け認知を高めて、次の3ヶ月はスローカーブみたいに緩急を付けて、シニア層にジワジワ広げていきましょう」)。

今でも、よく出来たアナロジーだと思っているのは、マーケティング局の局長時代に部門方針として表明した理想の局員像＝「1番・捕手」。1番バッターのように俊足巧打、市場や社会の新しい潮流を鋭敏に捉えながら、それでも営業や制作などチームメンバーと同一平面に立たず、まるでキャッチャー（つまりは野村克也）のような俯瞰的視点から、全体のフォーメーションを指揮する立場になろうという方針。

しかし、野球リテラシー（もしくは「組織論リテラシー」？）の低い、当時の役員から「なぜ4番打者を目指さないんだ？」と諭されたりして、げんなりしたものですが。

音楽関係で言えば、忘れられないのは、ギターを弾きながら、まるでギター漫談みたいなプレゼンをしたことです。

得意先はレコード会社。ある洋楽アーティストのベスト盤のプロモーション戦略に関する競合プレゼン（複数の広告会社が提案して、1社が選ばれるというプレゼン形式）でした。

私たちは、ベスト盤のターゲットを3層に分けて、それぞれの属性をコード（和音）で表現したのです。「コア層の属性は、コードで言えば【E＋9】（じゃらーん、と実際に弾く）。サブ層は【E7】（じゃらーん）、一般層は【E】（じゃらーん）」。得意先はあっけに取られていましたが、でもそのプレゼン、見事に勝ちましたよ。

自分の個性、趣味、関心事……自我を顕示する生き方を選んだのであれば、目の前の仕事に自己顕示欲をまぶさない理由などありません。「会社の中で自我を見せるなんて嫌だ」という人は多分、会社の外でもうまく自我を見せられない人ではないでしょうか。

――「1つの仕事にスプーン1杯の自己顕示欲を」。

「スプーン1杯で驚きの白さに」とは、コンパクト洗剤の元祖にして、80年代を代表するヒット商品になった花王アタックの広告コピーなのですが、それになぞらえて言えば、「スプーン1杯の自己顕示欲で、会社員生活が驚きの面白さに」。

ぜひ明日から、いや今すぐ試してみてください。

先輩は使うもの

あの、右も左も分からなかった新人くんも、数年も経つと、だんだん仕事が出来るようになっていきます。また「スプーン1杯の自己顕示欲」を心掛けていると、「なかなかオモロイやっちゃ」との評判も流れ始めて、仕事が楽しくなってきます。

そうすると、多くの若者は、こう思い始めるのです――「俺1人で出来るわ。あの先輩、要らんわ」。

結果、先輩と後輩がぶつかって、最悪の場合、先輩か後輩のどちらかがチームから弾き飛ばされたり……。

私は、このような一種の「覇権争い」を避けてきました。もちろん、まったく使えない先輩（もしくは後輩）だったとしたら、弾き飛ばされてもしょうがないかもしれませんが、多くの場合、いい関係が作れる可能性はゼロではないし、そもそも「覇権争い」には、異常なストレスがかかるのです。それも双方に。

では、先輩と後輩の「いい関係」とは何か。先に書いたような、ちょっと自意識が芽生えてきた段階で、私が自分に言い聞かせていたのは、「先輩は使うものだ」という考え方です。

「使う」というと、「アゴで使う」という感じで、上から目線でこき使うという意味に捉えられそうですが、決してそうではなく、「自分の仕事を、先輩にしか出来ない領域で、サポートをしてもらう」というイメージです。

具体的に言えば、得意先の対面（といめん＝直接の仕事相手の意）は自分で仕切ることが出来るけれど、対面の上司が出てきたときにプレゼンを代行してもらうとか、進めたい社内プロジェクトの承認を役員に取り付けてもらうとか、プロジェクトの予算確保のために経理に対して動いてもらうとか。もっと言えば、飲み会で奢ってもらうとか。

自意識が芽生えてきたステージの若者が日々こなしているのを「現場仕事」とすれば、その「現場仕事」を後方支援したり、オーソライズしたりする「オヤジ仕事」が必ず付随するのです。そして驚くべきことに、とりわけ大企業では、「現場仕事」より「オヤジ仕事」のウエイトの方が、質量ともに大きい場合が多々ある。

「オヤジ仕事」は、その名の通り、若者には容易にこなせないもの。こなせたとしても、相当な苦労をするはずの仕事。だとしたら先輩に任せればいいのです。「オヤジ仕事」で先輩をうまく使えばいい。

実は、そういう使われ方、先輩の方も案外ウェルカムだったりします。

先輩も（多分）馬鹿ではありません。「現場仕事」について、もう後輩が1人で回せることを知っています。知っているけれど、後輩1人にまるごと任せてしまうには、まだちょっと不安がよぎる。特に「オヤジ仕事」については、経験も人脈も足りないだろう。だとしたら、自分が一肌脱いでやるか、と考えてくれる先輩は少なくないのです

（その仕事を自分の手柄にしたいという、よこしまな考えもあるかもしれませんが）。

以上のような意味で「先輩は使うもの」なのです。特に、あなたが不得手な「オヤジ仕事」は、バンバン任せましょう。ただ、です。一応先輩なので、ちょっとだけプライドに配慮してあげましょう。ちょっとだけでいいですので。

え？　プライドに配慮なんて面倒くさい？　分かります。分かりますが、私の考えは、「ちょっとの配慮で、先輩がガンガン動いてくれるんなら、こんな簡単なことはないわぁ」というものです。

ちょっとの配慮を面倒だと思った結果、先輩との関係がギクシャクして、双方にストレスがかかって、あげくの果て先輩のパワーをまったく活かせない——そっちの方が面倒くさいと思いませんか？

「着おくれ」しない服装を

服装、見てくれの話を少ししたいと思います。というのは、若手会社員、特に新人にとっては、どんな服で通勤するかは、わりと大きな問題だったりしますので。

もう最近は、会社員と言っても、かなりカジュアルな服装でも大丈夫になっています。

私が入社した頃はもちろんスーツ一択でした。それもネクタイ付き。ただし広告会社だったので、社内にいるときは自由で、Tシャツにジーンズでも許されていたように記憶します。

細かくは、広告会社内でも職種でかなり違っていて、営業職は、突然得意先に呼ばれることもあるので、毎日スーツ（これは今でもそうみたい）、逆に制作職は、得意先に行くときもラフな格好が許される。私のいたマーケティング職は、その中間という感じでした。

当時の私自身は、そんなマーケティング職のドレスコードに沿いながらも、お察しの通り、社内での服装のラフ化を推進する若者でした。ただ、こちらもお察しの通りか、おしゃれでトレンディというよりは、単にラフで小汚い感じだったようで、上司によく怒られたものです。

先にスーツの話を整理しておきましょう。まだスーツを着慣れていない若者に伝えたいのは、「スーツって案外楽だよ」ということです。

何といっても、スーツだったらOKという場が、会社員には多い。というか、すべての場所が基本スーツでOK。会議やプレゼン、会食、合コン、さらには突然の出張やお通夜など、とにかく「スーツだったらアウト」という場面がない。

逆に、ちょっとでもくだけた服装だと、例えばお通夜で、そうとう気まずい思いをします。くだけた服装による気おくれ。これを私は「着おくれ」と呼んでいるのですが、とにかく会社員にとってのスーツには、この「着おくれ」が一切ない。

ある程度着続けないと分からないのですが、案外機能的なんですね、スーツって。特にポケットの多さは、仕事をする身としては、とても有用です。

ただ、今の日本の呆れるほど蒸し暑い夏におけるジャケット付きスーツは、無駄・無理・不機嫌の象徴。だからこそ一時期「クールビズ」が大流行し、そのまま定着したのです。個人的には、沖縄の「かりゆしウェア」を、全国に普及させればいいと思っているのですが。

といった側面もありながら、本書に通底する考え方からは、スーツを脱いで、自由で個性的な服装で仕事をしていいと思いますし、少なくとも若者は、そういう流れを推進してほしいと思います。これが原則論。

さらには、「自由で個性的な服装が、自らを自由で個性的にしていく」という側面もあったりします。

会社員時代、新人時代から金髪かつアロハシャツで出社していた制作職の同僚がいました。理由を聞いてみたら彼は、「こういうキテレツな格好で、変な奴というイメージを作っておいて、期待に応えて、変で個性的なアイデアを出すように、自分を追い込んでいるんだ」と答えました。事実その同僚は、早々にフリーになって、ブレイクしました。

ただ、彼がブレイクした理由の本質は、服装云々よりも、新人時代から才能があり、かつ意識が高かったから。言葉を選ばず言えば、才能や意識に乏しい多くの若者のためには、最後に、逆方向のエピソードを伝えておくのがいいかもしれません。

「スーツを着てこい」と後輩に命令したことが、私には何度かあります。広告会社ですから、マーケティング職であっても、くだけた服装の若者が増えていきました。得意先に行くときも彼らは、そのくだけた服装のままで行きたがる。

私が引っかかったのは、実は服装ではなく態度なのです。くだけた服装の若者の多くは、くだけた服装の割に中身は従順で、得意先との会議でも終始無言で、しずしずとコピーを配ったりした後、静かに無表情でずっと座っている。

それは違うだろうと思ったのです。くだけた服装とセットなのは、従順な態度ではなく、たとえ得意先相手であろうと、くだけた服装に見合った、変で個性的で、会議がワッと盛り上がるアイデアを発しようという態度だろうと。

そういう意欲がないのなら、服装という表面だけの自己主張はするなと言いたかったのです。

結論。服装はやっぱり表面的なもの。大切なのは態度、さらには意欲とセットで考えるべきだということです。

面倒くさい上司への接し方

この「後輩論」の章、最後は、面倒くさい上司について考えておきましょう。怖かったり、うるさかったり、うざかったりする上司。

広告会社に限らず、大企業の偉い人たちには一般に、体育会系の豪傑が多いものです。楽天的で人懐っこく、どちらかと言えば頭の良さよりも、豪傑ならではの人望や、その人望に吸い寄せられた人脈で偉くなった人が多く、こういうタイプは、相手にするのにそれほど苦労しません。

でも中には、怖くて、うるさくて、うざい、つまりは面倒くさい上司がいるのです。

そんな上司への接し方。まず大事なことは、その上司の「面倒くささ」の発生原因を見極め、その原因に沿った接し方をするということです。

私が見てきた限り、面倒くさい上司は、「出世系」「完璧系」「天然系」の３つに類型化できます。

「出世系」はいちばん多いタイプ。自分が出世したい、自分の上司に手柄を認めてもらってチヤホヤされたい。だから、そんな手柄を速く・多く量産するために、部下に面倒くさい接し方をする上司。広告会社で言えば、営業職に多い気がします。

「完璧系」は、私がいたマーケティング職に多かったタイプ。正直、出世とかにはあまり興味がないのですが、自分が作る資料や企画書を、とにかく完璧にしたい、非の打ちどころのない、一分のすきもない１００点満点のアウトプットを作りたいというタイプ。だから、その（必要以上の）完璧さに向けて、部下をこき使うタイプ。どうです？　あなたの会社にもいるでしょう？

最後の「天然系」は、出世や完璧とかと無関係。ただ単に生まれつき面倒くさい人。仕事のみならず、飲みに行っても面倒くさい。普段の会話も、そりゃもう面倒くさい。

言いたいことは、「出世系」「完璧系」であれば、その上司の心の中にある「出世」

「完璧」への渇望を、ちゃんと把握して接してあげることで、ストレスはある程度、軽減されるということです。

「出世系」であれば、彼が上司にアピールしやすい資料を作ってあげるとか、「完璧系」であれば、上司からの指示を待たずに、より完璧になるためのデータを集めてあげるとか。正直、あまり生産的な気はしませんが、ぜひチャレンジしてみてください。上司の態度が一気に軟化すること請け合いです。

さらに効果があるのは、3つの類型を問わず、面倒くさい上司からの被害を受けるメンバーで徒党を組むことです。

これを私は「被害者の会」と呼んでいるのですが、徒党を組んだ仲間内で「それはさんざんな言われ方だなぁ（笑）」「あのジジイ、くたばんねぇかなぁ（笑）」など、「（笑）」付きで「被害」の実情を共有することで、「被害」を相対化する、つまりパロディ化するのです。

実は、このパロディ化こそ、会社の中における様々な面倒くさい事柄を、相対化して軽量化するための重要なメソッドなのですよ。

会社を辞めてみて思うのは、「あの頃、会社の人間関係ごときを、なぜあそこまでシリアスに捉えていたんだろう？」ということです。まぁ、組織に属している最中においては、組織内の人間関係は、それほどに深刻かつ強固なもので、その深刻さ・強固さが、企業を中心とした日本経済の発展を基礎付けたと思います。

でも、辞めたら全部チャラ。まして、これを読んでいるあなたは、会社の仕事以外にもやりたいことがあって、あわよくば会社員以外の社会的価値を持ちたいと思っている。持って「幸福な退職」をしたいと努力し始めている。

だとすると、いきなり辞めるというリスクは取れなくとも、パロディ化することは容易かつ得意なはずです。「あの老いぼれ、また面倒くさいこと言いやがって（笑）」と、仲間内でこぼしながら、半笑いでやり過ごしていけばいい。

私自身の経験で言えば、「被害者の会」の仲間内で、面倒くさい上司との仕事を「修行」と称していました。プレゼン作業などが始まったら、「また秋まで修行だなぁ（笑）」などとこぼしながら、でも、そうこぼした瞬間、フッと気分が楽になったものです。

言い忘れていました。3つの類型の中の「天然系」。生まれつき、ただ天然に面倒くさい上司。それは処置なしです。でも「天然系」は、視点を変えれば、パロディ化には絶好の対象でもあります。健闘を祈ります。

第四章　管理職論――マネジメントこそクリエイティブに「ＭＭＫ」で

クリエイティブ・マネジメント

この本の中で屈指の「大人」なテーマに挑みます。

広告会社なんかにいると、いい意味で子供っぽい、若々しい空気に慣れていきます。後先考えず、無邪気にいい企画、いいアイデアを求め続ける空気。

しかし広告会社にも当然、管理職は存在します。かくいう私も管理職、具体的には「部長（部署長）」「局長（部門長）」を経験しました。

驚いたのは、管理職に「出世」したときに喜ばない、むしろ、ひどく落ち込む同僚がいることです。営業職ではなく、スタッフ職（つまり私がいたマーケティング職や制作職）に多かったですね。

若々しい空気から、大人な空気への転換に耐えられないということでしょう。現場の企画作業を卒業して、日々つまらない「管理」の仕事をやらされる。あーあ、と。「象の墓場に送られる」――落ち込んだ同僚はなぜか口を揃えて、管理職になることを、こう表現しました。調べてみると、死期が近づいた象が、自ら群れから離れて「象の墓場」と呼ばれる場所に行く（だから象の死体はどこにも見当たらない）というのは、実は都市伝説のようなのですが。

管理職を嫌がり、現場仕事を愛する。もちろんそれもひとつの考え方ですし、パッと見、管理職で汲々とするよりもロックンロールに見えます。逆に、管理職になり部下に冷たい視線を走らせ、夜は役員にヘコヘコするのは、ロックンロールにはほど遠い。

でも、その二項対立が、そもそも古いんじゃないか――と、管理職となったときに私は思ったのです。3つ目の道があるんじゃないか。

現場時代に培った企画力、アイデア発想力を活かして、新しい管理職像、つまり明るく楽しく創造的なマネジメントを追求すること。実は、それがいちばんロックンロールなのではないかと。

確かに管理職の仕事は「大人」の世界です。広告会社といえど、管理職になれば、人事の差配や給与査定、さらにはメンタルヘルスのチェックなど、大人大人したシビレる場面が訪れます。

ただ、本当に不幸なのは、そんな大人大人したあれこれをやらされる管理職自身ではなく、大人大人したあれこれを、いかにも嫌々やっている管理職の下にいる部下だと思うのです。

私自身、そんな管理職の下に付いたことが何度となくありました。「象の墓場」論を居酒屋で聞かされながら「俺は死んだ象にたかっているハイエナかよ」と悲しい気持ちになったものです。

余談ですが、「象の墓場」説の根拠、なぜサバンナなどで象の死体が見つからないか。その答えは、実は、ハイエナやハゲワシが死体を食べてしまうから、らしいのですが。

話を戻すと、以上のような考えで、新しい管理職のスタイル、広告会社っぽく横文字で「クリエイティブ・マネジメント」を心掛けて、管理職に向かっていきました。現場仕事が第一の会社人生とすれば、管理職仕事は第二の会社人生。そこに、ある程度の手応えを感じたことも、退職を遅らせる要因だったと思います。逆に言えば、それくらい管理職仕事が、案外楽しかった。

では、その「クリエイティブ・マネジメント」の具体的な方法について、この章で述べていきます。が、いちばん大事なことは、楽しくやること。楽しそうにしていること。何だかバカみたいな言い草ですが、これ事実です。

「あのジジイ、管理職のくせに、日々楽しそうにしてるなぁ」――と、部下に思わせることが出来たら、「クリエイティブ・マネジメント」の第一次試験に合格したも同然なのです。

部下の「MMK」の実現

現場時代は、いい企画を通そう、そのためにいい企画書を書いて、いいプレゼンをして、そしてその企画が世の中を騒がせて、結果、自社を儲けさせようというモチベーションが仕事のエンジンでした。

しかし管理職となれば、まったく異なるエンジンを積まなければなりません。では「クリエイティブ・マネジメント」のモチベーションをどう設定するのか。

本来ならば、自分の組織が生む儲けです。例えば営業部長だったら、担当の営業部が生む売上や利益を高めることに尽きます。

ただ私の場合、マーケティングという間接部門の担当だったことや、また、私自身が現場時代、面倒くさい管理職の下でよく苦労したこともあり、そんなこんなで、管理職としてのモチベーションをどこに置くのか、悩んだ記憶があります。

しかし、あるとき思ったのです。現場時代の自分が大切にしたコンセプトが、先に書いた「ＭＭＫ」＝「無駄なく・無理なく・機嫌よく」だったのだから、これからは部下の「ＭＭＫ」を実現させる管理職になることが大切なのではないかと。だから「クリエイティブ・マネジメント」のクリエイティビティも、部下の「ＭＭＫ」の実現に向けられるべきではないかと。

そして、ちょっとややこしくなりますが、部下の「ＭＭＫ」の実現の仕方も、「ＭＭＫ」でありたい。管理職の無駄なく・無理なく・機嫌のいい差配で、部下が無駄なく・無理なく・機嫌よく仕事できるようにする――「ＭＭＫによるＭＭＫ」。これだと。

そんな考えをもって管理職に臨みました。だから、前項で書いたように、日々楽しく振る舞うことに加え、自分の部門を活性化させるアイデア、それも大胆なものではなく、無理なく出来る範囲のプチなアイデアについて、いろいろと手を尽くしたつもりです。

その中心的なものは、持ち場の変更です。

ちょっと凹んでいる、伸び悩んでいる部下が担当している得意先や、所属するチームを、ちょっとだけ変更する。これは局長の責任範囲で出来ますし、局の中における単なる持ち場の変更ですから、言わば最小の投資で最大の効果を発揮する施策になります。

部下の仕事をちょっと変えるだけで、部下の目が驚くほど生き生きとしてきます。そして、そんなプチな差配で、部下がググッと成長した瞬間、管理職としてのクリエイティビティに手応えを感じ、かけがえのない喜びを感じたものです（もちろん、持ち場の変え方に失敗して、部下の目がさらにくすむということもありましたが）。

「せっかく管理職になったんだから、強権を発動したい」と考える人が多いように感じます。でも、その結果として、必要以上の大胆な施策、ダイナミックなマネジメントをして悦に入る管理職の下で、悩んでしまう部下がとても多い。部下としての私を困らせた面倒くさい管理職も、そういうタイプでした。

背景には、部下に強権を発動できる優位性を味わいたいということがあるのだと思います。白状すれば私自身にも、管理職としての優位性を誇示してチヤホヤされるのがうれしかった時期がありました。

ただ、優位性誇示の結果として、部下の「ＭＭＫ」が損なわれていくのは、自らのて、「MMK」コンセプトが許しませんでした。なので、新しい管理職像＝「クリエイティブ・マネジメント」を意識して、部下の「MMK」実現に向けた（強権発動的なダイナミック・アイデアじゃない）プチ・アイデアを重ねたのです。

言い換えれば、管理職としてのKPI（Key Performance Indicator）を、部下の「MMK」向上に設定し、そのためのクリエイティビティとしてのプチ・アイデアの発動を、日々意識したのです。

ちょっとした差配で、部下の目を輝かせること。大げさに言えば、それだけを追求していたようなものです。

先出しジャンケン

と、書き始めたものの、やはりこの章、ここまでの章に比べて、筆の進み方が遅い。それくらい管理職としての成功実感に乏しかったということなのかもしれません。あと管理職は、何が正解かが分かりにくいということもあるのでしょう。

それでもせっかくなので、管理職として考えたことを、臆せずに書いていきたいと思います。なぜなら管理職が変われば、会社が、ひいては日本経済が変わるのですから。

管理職に突き付けられる最大の難問は「評価」だと思います。部下のがんばりをどう評価して、序列化して、最終的には査定という形で金額化するか。

というか、先に言っておきたいのは、この複雑に入り組んだ企業社会の中で、客観的な評価なんて無理！ということです。少し声を、いや文字を荒らげました。それくらい決定的に、客観的な評価など無理筋なのです。

もちろん、できるだけ客観的な評価を心掛けるべきです。噂によればプロ野球選手は、恐ろしいほどの精密な計算を通して査定されると聞きます。

ただそれでも、例えばバッターを評価するとして、本塁打、打率、打点、どの指標にどの程度の重みをかけて判断するのか、それはコンピュータではなく、人間が決めざるを得ません。

会社の管理職に話を戻すと、「会社の命運を賭けた巨大プレゼンに参加して勝った」＝本塁打王、「とにかく安定的に売上を獲得し続けた」＝首位打者、「年間トータルの売上獲得額が大きかった」＝打点王、さて、どの社員を1番だと判断するのか。これは管理職の専任事項になります。

となると、評価に向けて管理職に必要となるのが「哲学」です。

「哲学」――管理職自身の属人的な評価基準とでも言いましょうか。「私はこういう社員／仕事を評価します」という「視点」。もっとぶっちゃけて言えば「俺は、こういう社員／仕事が好きやねん」という、とどのつまりは「好み」なのかもしれませんが。

本塁打、打率、打点、もしくは盗塁や犠打、さらには部下の育成や、組織の雰囲気作り……と、複雑多岐にわたる現代企業の人材評価基準の中で、何を選んで何を重視するかという「哲学」「視点」「好み」――。

そして、併せて重要になるのが、そんな「哲学」を持ったとして、それを心の中に秘めておくのではなく、絶えず部下と共有することです。

よくありがちな間違いは、「哲学」を心に秘めたまま、つまり評価の根拠を曖昧にしたまま、期末に評価をして、評価を不服に思った部下ともめるというものです。これ、いわゆる「評価あるある」。

もめるのは当然です。なぜならそれ、後出しジャンケンなのですから。もめない方がおかしい。管理職は「先出しジャンケン」をしなければなりません。

では具体的にどうするか。私がやっていたのは、例えば毎月、部下が作った企画書の中で優秀だと思ったものを「マンスリーベスト企画書」として共有したり（当然コンプライアンスに気を遣いながら）、あとは全員が集まる集会とか、日々のメールなどで、自分の思う新しい仕事、面白い仕事、いい仕事、つまりは「哲学」を絶えず明らかにする。

そのことで「あの人は、こういう社員／仕事を評価するんだな」としっかりと認識させる。もちろんその段階で、「哲学」に文句を言う部下もいるでしょう。ただ、後でもめるよりは、全然いい。それに、「哲学」を絶えず明らかにすることで、妙な言い方ですが、管理職の「哲学」「視点」「好み」自体も鍛えられていきます。審美眼が備わってくるのです。

管理職は先出しジャンケンをしましょう。先出しジャンケンで勝てるのが、これからのいい管理職です。

メンタルダウンについて

管理職時代にいちばん手を焼いた、もとい、手をこまねいたのが部下のメンタルダウンの問題です。

「手をこまねいた」というと、傍観して何もしなかった怠惰な上司という感じに映るかもしれませんが、私の経験では、メンタルダウンに対して、上司として出来ることは極めて少ない。だから下手に手を打つよりも、とにかくいち早く、メンタルヘルスの専門部隊（最近の企業には整備され始めています）に任せることが大事だと心得ていました。

そのくらいデリケートな問題なのです。目の前に問題が起きているのに、何も手出しできないという、強烈な無力さ・情けなさを感じたものです。そんな経験をした管理職のみなさんも多いのではないでしょうか。

そんな体たらくなので、部下のメンタルヘルスについて、私から何かお伝えできるティップス（コツ、秘訣）などありません。知ったかぶりなど出来ません。ですので、この項では、これまでとはちょっと趣旨を変えて、自分自身の思い出話をしたいと思います。

私が著した「音楽私小説」＝『恋するラジオ』（ブックマン社）に詳しく書いたのですが、会社に入ってすぐ、休日出勤をしているとき、突然涙が止まらなくなったことがありました。メンタルがかなり追い詰められていたのでしょう。今から思えば、かなり厳しかった上司への恐怖感が積もり積もって、涙が出たのだと思います。

驚くべきは、当時「メンタルダウン／ヘルス」という言葉、つまりは概念自体がなかったことです（少なくとも私の職場には）。概念がないということは、当然、対処する方法もない、対処しなければいけないという意識すらない。だから、今でいうメンタルダウンが放置されていたのです。

いや、放置されるどころか、「お前は根性が足りない」などと叱責されて、さらに追い詰められていきました。白状すれば、私もへこたれて叱責されましたし、そして、私もへこたれた部下を叱責したのです。何と恐ろしいことでしょう。

もし、あの休日出勤の心理状態が延々と続いていたら、30数年前の私もメンタルダウン状態になったのかもしれません。

運良く、心理状態は回復して、厳しい上司とも、普通に会話することが出来るようになりました。今から考えたら、上司の側も、私の涙に驚いて対応を変えてくれたのかもしれないのですが。

せっかくなので、趣旨をさらに変えて、本書で述べていることの意味について、ここで確認させてください。

ここまで読まれた方は、私が会社にまつわる面倒くさいことあれこれを、いかにも軽快にサラッとこなしてきたような印象を受けるかもしれません。でもその背景には、実は自分のメンタルが弱いんだという自己認識があったのです。

子供の頃、「自家中毒」をよく患いました。繊細なタイプの子供が、緊張や興奮によって、嘔吐を繰り返すという病気です。普通、小学校低学年くらいでかからなくなると言われるのですが、私は6年生になってもかかっていました（それもプロレス中継を見た興奮とかの理由で）。

「あぁ、自分は心の線が細いんだ」——と思いました。このときの敗北感と疎外感は、私の中で決定的だったのです。だから、自家中毒にかからなくなってからも、自分が動揺しないように、テンパらないように、周到な準備と工夫をする習慣が身に付いたのです（注：ただし、幼少時の自家中毒と、成人後のメンタルヘルスに医学的関連があるかどうかは、その筋の専門家に譲らせてください）。

元自家中毒少年、（多分）メンタルの強くないサブカル青年が、泣く子も黙る広告会社に入る。それはもう緊張しました。案の定、泣く子は黙らずに、休日出勤で泣いてしまうのですが、それでも、人並み以上の周到な準備と工夫をして、何とか30年、やり過ごしてきました。

そんな背景から生まれた準備と工夫をまとめたのが、この本なのです。だから、もちろん100パーセントの保証など出来ませんが、「ちょっと線が細いかな」と自認する人も、ちょっとした準備と工夫で、会社生活を楽しく軽快にこなせるはずなのです。

聞く力と聞かない力

この章を締めるにあたって、管理職にいちばん大切なことは何かを記しておこうと思います。いや、大した経験はありませんが、それでも足掛け15年ほど中間管理職をやった経験から、伝えるべきことがあるとすれば。

まずは、ベタですが、部下からの支持です。ここまで書いてきたような方法論を通じて、部下から支持される中間管理職になることを大前提とすべきなのです。

ふたつの異論が寄せられそうですね。ひとつ目は「部下を甘やかすのがいい管理職なのか?」という意見。いや「甘やかす」とは言っていません。「支持を取り付ける」と言っています。このふたつは異なります。下手したら、現代の企業社会では対極かもしれません。

今の部下、つまり若者は、よく言われるように承認欲求も強いのですが、それ以上に、成長欲求が強いと感じます。むしろ成長欲求のために、現在の自分のどこが強みかを知っておきたいという意味で、承認欲求を発揮している気さえします。

ということは「甘やかす」↓「支持を得る」という流れが成立しない。部下の成長のために言うべきことは言う、時には突き放すということがないと、部下はついてこないのです。

あと、先に述べたように、中間管理職には部下の評価という苦行があります。ある部下のことを年中チヤホヤしておいて、年度末の評価時に最低点を付けるのは、さすがにしのびない。

部下からの支持を得ること。なかなか難しいことだと知りつつ、でもそれに成功したとする。そうすると、中間管理職のあなたに対する、上からの見え方が変わってきます。

一言でいうと、支持してくれる大勢の部下、つまり大勢の味方のいる、言わば大チームのリーダーとしてのあなた。

そういうリーダーは、上からぞんざいに扱いにくい。ぞんざいに扱うと大チーム自体が崩壊しかねない。逆に、リーダーを尊重すると、大チームがさらに活性化して、会社の利益をさらに生み出してくれる。

中間管理職というと、昭和のドラマや映画では、たえず上司にヘコヘコ接待しているイメージですが、ヘコヘコするよりも、部下の支持を得ることの方が、上司に対する本質的な価値の提供、ずば抜けた接待になるのです。このことが一般化したからこそ「ヘコヘコ管理職」のイメージが古くなったのだと考えます。

では次に、どうしたら部下からの支持を得られるのか。そのいくつかのティップスについては、ここまでに書いてきましたが、もっとも本質的なところを最後にお伝えしたいと思います。

さて、「女にモテる秘訣が何かと言えば、それは女の話を聞くことだ。では女の話を聞く秘訣は何かと言えば、女の話を聞かないことだ」という格言（?）を、どこかで読んだことがあります。

つまり「女性という生き物は、話を聞いてほしいだけで、答えなんて求めていない。だから多くの男性が、女性の悩み話を聞いていて、解決法が浮かんだら、話をさえぎって解答を言おうとするが、そういう男性はモテない」という意味です。

だから、話を上の空で聞きながら、「ふーん」「そうなんだぁ」などを繰り返しているとモテるよということらしい。真偽のほどは分かりませんが、何となくリアリティを感じる話です。

突然、何を言い出したかというと、部下の支持を取り付ける秘訣として、部下の話を聞くことがとても大事だと思うのです。ただ女性相手と違うのは、上の空でなく、話を最後までしっかりと聞きながらも、相手の話に対するスタンスは「女にモテる秘訣」同様、「ふーん」「そうなんだぁ」「ですよねー」（また出た）「それでそれで？」「具体的には？」などを繰り返す。

すると驚くべきことに、悩みの本質や、それだけでなく、部下自身に内在していた悩みの解決法までが、部下の口からするすると出てきたりする。

「部下の話を聞かないこと」あらため、「部下の話を聞いていて、言いたくなることは山ほどあれど、そこをグッとこらえ、相槌を打ち続ける」こと。ちょっと長いですが、これが中間管理職にとって、いちばん大切な能力、かつプロセスだと思います。

あ、これは私が編み出したものでは決してなく、いわゆる「コーチング術」の基本中の基本。ただ、ここであえて書くのは、みんな分かっていても、これがなかなか出来ないから。

かくいう私も、開始5分で話したくなり、8分で話し始め、10分で説教に――なんて面談を山ほどして、部下から煙たがられました。そのくらい、「中間管理職は聞く仕事だ」という観念が、日本の企業社会の中で成熟していない。

いろいろ書きましたが、最終的には「聞く力」だと思います。付け加えれば「まるで聞いていないかのように聞く力」。付け加えた分だけ、阿川佐和子や岸田文雄を超えるはず。そんな聞く力こそが、クリエイティブ・マネジメントへの第一歩なのだと、私は信じます。

第五章　連絡論——正しく、分かりやすく、そして大人っぽく伝える方法

固定電話が鍛えた「大人力」

「連絡論」とは、ちょっと分かりにくいタイトルですが、言葉本来の意味での「連絡」を論じようと思っていまして、つまりは電話やメール、チャット、特に、今や主要な連絡手段であるメール（電子メール、ｅメール）の使い方について考える章です。

でもその前に、今は昔、固定電話しかなかった時代の話をしてみたいと思います。

私が社会人となったのは１９９０年。新卒で入社した博報堂のオフィスには、もちろん固定電話しかありませんでした。いや、厳密にはファックスもありました（ファックスの機械に「ついに我が部にもファックスが来ました！」と書かれた付箋が貼られていたのが忘れられません）。

その後、私が携帯電話に個人で加入したのが90年代中盤、デスクに置かれたPCがすべてインターネットに接続され、普通にメールを使うようになったのは2000年前後、社用携帯が配布されたのは、さらにその10年後くらいだったと記憶します。

つまり90年代における連絡手段は基本、固定電話だったわけです（一応補足すると、固定電話とは、デスクの上に「固定」して置かれる有線電話のことです）。

新入社員で現場に配属されると、まず、率先して固定電話に出ることが命じられます。呼び出し音が鳴ると、即座に受話器を取り、電話の相手が指定する部の先輩に取り次ぐ。場合によっては、「転送」機能を使って、別の場所にいる先輩につなぐ。

固定電話と携帯電話、電話という意味では同じですが、何かが根本的に異なる気がします。というのは、携帯に比べて固定電話でのコミュニケーションには「大人力」が要求されるのです。

まずは「通話の強制性」。自分のデスクにいるときに電話がかかってきたら、いつかなるときも原則、出なければならない。携帯の場合は、自分だけしか聞かない留守録機能があり、出られなくとも、すぐに折り返すことが出来る。だから、「かかってきたら出なければならない」プレッシャーはそれほど強くない。

しかし、固定電話には、そのプレッシャーがある。だから、作業中、考え中、雑談中、どんな状態であっても、気持ちをさっと切り替えて出なければならないのです。

また、会話の様子が、周囲に聞かれているということにも、強いプレッシャーを感じました。電話の向こうの得意先に謝っている様子、電話の向こうの発注先に怒っている様子などが、周囲に公開生中継されている緊張感たるや。

逆に、固定電話で淡々とコミュニケーションしている先輩は、新人の目から見て、とても大人に見えたものです。驚いたのが、肯定的相槌としての「ええ」。「はい」「うん」「ですよね」の代替で使われる、何とも紳士的な「ええ」。学生時代には決して使うことのなかった「ええ」が、固定電話の受話器に放たれ続けているオフィス。「あぁ、大人の世界だなぁ」と感激した記憶がありますね。

その他にも、メールのように記録が残らないから、メモをしながら通話するテクニックが必要だったり、「固定」なので、基本デスクに縛られた、気分転換しにくい体勢を強いられて通話しなければいけないことだったり、様々な点で「大人性」が要求されました。

また余談を。新人時代の苦行に、電話の「伝言メモ」を作ることがありました。部の固定電話にかかってきたものの、取り次ぐべき人が不在だった場合、向こう側からの伝言を簡潔なメモにまとめて、小さな紙に書いて、その取り次ぐべき人に渡すのですが、これがなかなか難しい。

あまりにも難しいので、研修の課題にしたことがあります。

問：あなたはある会社の宣伝部に勤めています。ある日、取引のある広告会社＝トマト広告社から電話がかかってきました。あいにく向こうが指定した先輩は席を外していました。次のような電話の内容なのですが、これを25文字（句読点含む）以内にまとめた伝言メモを作ってください。

「トマト広告社の山田です。昨日ご依頼があったマーケティング戦略のプレゼンテーションの件ですが、弊社の制作スタッフがロケでハワイのマウイ島に出張してしまったものですから、スケジュール、あらためて週明けにでもご連絡させていただきます。よろしくどうぞ」（「　」内121文字）

これ、案外難しいのです。ポイントは情報の集約化。情報には筋肉とぜい肉があって、いかにぜい肉（マウイ島云々など）を削いで、筋肉（プレゼンの日程変更など）だけを抽出するか。その訓練になります。

【解答例】

トマト広告山田氏、プレ延期希望。日程は週明けに連絡（25文字）

話が長くなりましたが、ここまで書いたように、「通話の強制性」から「伝言メモ」まで、固定電話には、大人力＝「大人コミュニケーション力」養成ギプスという側面がありました。右も左も分からない若造を、いっぱしの会社員に仕立て上げる装置としての固定電話。

しかし、幸か不幸か、現代の会社員は、固定電話が（ほぼ）使われない時代を生きています。ということは、「メールでいかに大人なコミュニケーションをするか」ということに争点が移っているということでもあります（現在はＬＩＮＥやＴｅａｍｓなどのチャットがコミュニケーションの主流のようですが）。次項では、「大人メール力」養成ギプスについて考えてみたいと思います。

大人メール力

会話コミュニケーションに比べて、相手への心証を考えない、ぶっきらぼうなやりとりになりがちな文字コミュニケーションのあり方を一考してみましょう。

ですが、メールについての最大の課題は、「開封率」と「精読率」の向上です。会社員は今、メール洪水の中を生きている。そもそも開けてもらえないメールも多い。また運よく開けてもらったとしても、最後までちゃんと読まれる（＝精読）に至らないメールもかなり多い。この深い問題については、次項以降で触れることにします。

ここでは「大人メール力」、つまり、読み手の心証に向けて、大人としての配慮が尽くされた美しく柔らかいメール文を考えてみましょう。

まず、状況を設定します。相手は得意先。明日の15時から予定されている会議を、1時間遅らせて16時からにしてほしいことを伝えるというシチュエーションとします。この件を、相手に電話で伝えるとすると――。

「お世話になっております。ほうれんそう広告の鈴木です。しいたけ産業・山本さんの携帯でしょうか？　あ、今大丈夫でしょうか？　お元気そうで何よりです。そう言えば、昨夜の巨人は快勝でしたねぇ。岡本が打てば、試合が締まります。いやいや、本当に。でね、すいません。明日の会議なんですが、ちょっと前の別件が押しそうでして、16時からに変更可能でしょうか。はい。あ、オッケーですか。ありがとうございます。前日にすいません。それじゃまた近いうちに、赤坂のあの焼肉屋でも行きますか。えへへへ、ぜひ。失礼いたします」

と、前項でいう「ぜい肉」情報をまぶして、相手の心証をいろいろとおもんぱかった会話となります。メールと比べると、なかなかに面倒くさい。逆に言えば、メールだと、ついつい用件のみのシンプルかつぶっきらぼうな書き方になりがち。

・・・・・・・・・・・・・・・・・

しいたけ産業　山本さま

お世話になっております。
ほうれんそう広告の鈴木です。
ごぶさたしております。

さて、明日の会議なのですが、
直前の別件が延びそうでして、
つきましては15時からの予定を
16時に変更可能でしょうか？

ご検討くださいませ。
よろしくお願いします。

ほうれんそう広告　鈴木
・・・・・・・・・・・・・・

という感じでしょう。別に、特に問題はないと思いますが、電話に比べて、あまりにもそっけない。あと、定型的なフレーズが多く、何というか、ロボットが書いているようにも見える。

問題はないとは思えど、ここで、もうちょっと美しく柔らかくなる工夫が出来ないか、考えてみましょう。

まず冒頭の「お世話になっております」。ここはいかにも予測変換で打たれた感じがします。ちなみに私も、「おせ」で「お世話になっております」となる変換登録をしていました。予測変換がにおうほどに、日本のビジネスシーンで「お世話になっております」（またはその関連フレーズ）が、定型化しているということです。

ちなみに私がいた会社では、社内向けメールにおいて「お疲れさまです」が超・定型化していました。明らかに「おつ」→「お疲れさまです」の予測変換。しかし私は、強い違和感を抱いていたのです――特に午前中に届く「お疲れさまです」始まりのメールについて。

まだ午前中だから、基本疲れてはいないし、それどころか、疲れていないにもかかわらず、午後の疲労感を予感させるという、何とも嫌な感じすら与えてしまう。

私なら、午前中、特に11時までに送るメールだったら「おはようございます」で行きますね。朝日がのぼっていくような美しいイメージを発する「おはようございます」で悪い気分になる日本人は、まずいないでしょう。

先の得意先向けメールに戻すと、「お世話になっております」の代替案として、午前中のメールの場合は「おはようございます」、さらに終日使えるフレーズとして、私がよく使った「お世話さまです」を推します。どことなくデジタルな「お世話になっております」に比べて、ちょっとヒューマンでキュートな感じがしませんか？　特に「さま」のあたりが（「お世話さまです」は「了解しました」同様、目上や社外の人には避けるべしという見解もあるようですが、そういうのはあまり気にしなくていいだろうと、個人的に思います）。

次に「会議」。会議は会議です。「ミーティング」という言葉を使っても、心証はあまり変わらない。ただ「会議」にしろ「ミーティング」にしろ、やはりどこか冷徹な感じがする。対して、私がおすすめしたいのは「打合せ」。

いや、別に「会議」も「ミーティング」も「打合せ」も、同じことを表します。ただ、熟語と横文字にあふれている会社コミュニケーションの中で、「打合せ」「打ち合わせ」「うちあわせ」という、いわゆる大和言葉は、メールの印象をぐっと柔らかくする。

時間を遅らせるのではなく、もうちょっと切羽詰まって、会議自体をキャンセルしたい場合。これも「会議を中止・延期」ではなく「打合せを見合わせる・見送る」とすれば、印象がかなり柔らかくなる。こっちの都合で中止をお願いするのに、向こうがニコニコと了解してくれそうな感じさえする（笑）。

他にも、「来週月曜日に」を「週明けに」とするとか、数人で分担した企画書のパートを「マージする」ではなく「取りまとめる」とするなどの大和言葉で、ちょっと大人なメールになるのです。ただ、後者の場合は、まったく柔らかくないけれども、「マージ」の意味内容を的確にかつ感覚的に表現する「ガッチャンコする」の方に利がある気がしますが。

「16時に変更可能でしょうか?」も、同じく大和言葉で「16時にずらせますでしょうか?」の方が直感的でいい。このように、「大人メール力」とは、読み手の視点からの定型的なフレーズの再考や、大和言葉による熟語や横文字の言い換えに、ポイントがありそうです。

締めの「よろしくお願いします」も、予測変換臭たっぷりですね。私は、昭和の広告マンが好んで使っていた「よろしくどうぞ」を、今でも多用します。これ、ちょっと意味が不鮮明なのですが（笑）。

以上、先のメールを「大人メール」にする手立てを考えてきました。最後にまた余談。

この項では2度「(笑)」を使いました。もちろん変換登録しています(「わら」→「(笑)」)。実は、私は書き手として、原稿の中で「(笑)」や「!」を使うことを、できるだけ避けているのですが、メールの中では逆にかなり多用します。

これも一種の「大人メール」的考え方で、つまり、ぶっきらぼうになりがちなメール文に表情を与える手立てとして、です。特に、部下や仕事を発注している会社など、自分から指示や命令をしている意味内容のときに使いたくなります。

要するに、「指示や命令だけれど、そんなにテンパって受け止めないでね」というシグナルとして。もちろんテンパらなければいけないときには使いませんが、逆にやや余裕があるときなどは、「(笑)」や「!」を使って、ソフトにしたくなる。

とはいえ、「(笑)」や「!」は入力が若干面倒。そこで登場するのが「ー」です。いわゆる「音引き」と言われる「ー」。

「というわけで、企画書の調査分析パートはあさっての午前中までにお願いしますー」

明らかに場違いな「ー」なのですが、一応、部下を思いやっている気持ちの発露なのです。なので、「ー」付きメールを受け取った若者は、気持ち悪がらず、上司の気持ちを察してやってくださいー(笑)。

読ませる長文メール

会社員時代の私は、長いメールをよく書きました。たった1本のメールで、多くの受信者に、あれもこれも伝えたい。全部読ませて、完璧に伝えることで、その後の電話や、顔を合わせての確認とかをなくしたい。そんな気持ちがあったからです。

だって、電話とか顔合わせって、面倒じゃないですか。時間は拘束されるし、あとで「言った／言わない」のトラブルが起きたりする。あとメールを何本にも分けると、読まれないメールが出てきたりする。そんなあれこれを避けるための長文メールなのです。

しかし長文メールは、先の「精読率」の問題、つまり最後まで読まれない可能性が高くなる。そこで、タイトルや本文の書き方で、何とか精読してもらえるようにする工夫が必要になります。

まずはタイトル。いつも思うのは、メールは雑誌、それも週刊誌に似ているということ。毎週何冊も発行される週刊誌、そのどれもが、手に取ってくれ、最後まで読んでくれとアピールしている。

だとすると、メールのタイトルは言わば週刊誌の表紙です。ということは、具体的に言えば『週刊ポスト』や『週刊現代』の表紙のように、どんな記事が書かれているのか、その構成要素を過不足なく書くべきなのです（逆に『週刊文春』や『週刊新潮』は、記事の情報を表紙に書いていませんが）。

例えば、メールの内容が、

・今終わった打合せの議事録
・明後日の打合せ
・来週のプレゼン

について書かれているとすれば、順番に書きくだせばいい。

∴**タイトル「本日の議事録と明後日の打合せ、来週のプレについて」**

メールのタイトルは当然短い方がいいので、メーラーの具合で、最後の文字まで読まれない可能性があるのなら、もう少し後半をまとめてみる。

・タイトル「本日の議事録と今後の動き方について」

何か、当たり前のことを書いている気がするのですが、逆に言えば、それくらい、読み手のことを考えていない、無神経なタイトルのメールが多いのです。そう、これ。

・タイトル「RE: RE: FW: RE: RE: RE: RE: RE: 今日の議事録と明後」

「RE:」の積み重なりが一定数であれば、前回メールとの連続性を示すものとして、まだ理解できますが、こんなに見にくくて、かつタイトルが途中で切れて表示されるメールが届いても、即座には理解できません。そもそも何だよ「明後」って。なので、こういう「RE:RE: 祭り」のメールが届いたら私は、即座に適正なタイトルに変えて「鎮火」させるのですが。

「開封率」を上げる手立てとして、「【重要】」や「【緊急】」をタイトルに付ける方法があります。ただこれ、本当に「重要／緊急」の場合ならともかく、乱用し過ぎると、受信者に心理的ストレスを与えるばかりか（タイトルの「【緊急】」にドキッとした経験は誰にでもあるはず）、「重要／緊急」度のインフレが起きて、本当に「重要／緊急」なときに切迫感が伝わらないという本末転倒な事態を引き起こしかねません。

タイトルにおける「【重要】」や「【緊急】」が強いのは、この「【　】」の括弧《かっこ》が視覚的に強いからでもあります。これ、専門的には「隅付き括弧」というのですが、例えば、それほど「重要」じゃないにもかかわらず「重要」と謳《うた》いたい「やや重要メール」だとすれば、括弧の形を変える方法にも一考の余地がありましょう。

《重要》　二重山括弧
［重要］　大括弧（角括弧）
〈重要〉　山括弧
（重要）　丸括弧（小括弧）

だんだん「重要」度が下がり、受信者に与えるストレスも下がってきます。先の「大人メール」に向けて、いい程度の括弧の選択も、検討してみてください。

続いてメールの内容。こちらは、週刊誌で言えば記事ですから、さらに重要です。長い本文（記事）をどう読ませるか。いちばん効くのは、メールの冒頭、しょっぱなに、

（以下、長文になりますが、重要ですので、最後まで読んでください）

と、単刀直入に書くことです。こういうことを書いているメールは、あまり見ないのですが、実にもったいない。このワンフレーズだけで、2〜3本のメールを1本に凝縮できるのですから。

週刊誌で言えば「目次」、記事で言えば「見出し」のようなものを、冒頭に配置することも有効です。

以下、このメールは、

（1）先ほどの打合せの議事録（詳細は添付資料）
（2）明後日の打合せのアジェンダ
（3）来週のプレゼン本番の準備

について書かれています。最後まで読んでくださいね。

こんな「見出し」を冒頭に置くと、最後まで読まなきゃという、いい意味での緊張感を受信者に与えることが出来ます。

細かな話をすれば、この「見出し」は、メールの本文とは階層が違うものですから（「記事」に対する「目次」のように）、メールの中で独立的な見え方をさせて目立たせた方がいい。

＝＝＝＝＝＝＝＝＝＝＝＝＝＝＝＝＝＝＝＝＝＝＝＝＝

以下、このメールは、

（1）先ほどの打合せの議事録（詳細は添付資料）

（2）明後日の打合せのアジェンダ

（3）来週のプレゼン本番の準備

について書かれています。最後まで読んでくださいね。

＝＝＝＝＝＝＝＝＝＝＝＝＝＝＝＝＝＝＝＝＝＝＝＝＝

この「＝」（イコール）の連打による区分けは、視覚的にとても有効で、私は多用しています。会社員としてではなくライターとして、例えば校正のやりとりをするメールにおいて、修正するポイントを列挙しているエリアは、「＝」を使って、本文エリアと明確に区分けして、受信者が混同しないようにする。

というわけで以下、ゲラの修正点です。ご確認くださいませ。

＝＝＝＝＝＝＝＝＝＝＝＝＝＝＝＝＝＝＝＝＝＝＝＝＝＝＝＝＝＝＝

・大沢誉志幸

↓

・大沢（現・大澤）誉志幸

＝＝＝＝＝＝＝＝＝＝＝＝＝＝＝＝＝＝＝＝＝＝＝＝＝＝＝＝＝＝＝

修正をお願いしているエリアを明確にして、その中を箇条書きにして、見落としがないようにするというテクニックなのですが、実は箇条書き、「精読率」の向上にも非常に有用なのです。なぜなら箇条書きには、内容の階層性や順序を明確にして、読みやすくする効果があるからです。

というわけで以下内容について、ご確認ください。
・まず先ほどの打合せの議事録については、このメールに添付したPDFにまとめておりますので、今一度ご確認ください。
・次に、添付PDFには、明後日の打合せで使うアイデアシートが入っていますので、各自ご記入の上、明後日、必ずご持参ください。
・来週のプレについては、水曜の13時で調整中ですので、スケジューラーに仮置きしています。

箇条書きを使わず、改行もせず書きくだした文章と比べると、読みやすさは一目瞭然でしょう。

というわけで以下内容について、ご確認ください。まず先ほどの打合せの議事録については、このメールに添付したPDFにまとめておりますので、今一度ご確認ください。次に、添付PDFには、明後日の打合せで使うアイデアシートが入っていますので、各自ご記入の上、明後日、必ずご持参ください。来週のプレについては、水曜の13時で調整中ですので、スケジューラーに仮置きしています。

さらに、この箇条書きの「・」、つまり「箇条」が増えて、10個くらいになりそうだったら、いっそのこと番号を振ってみる。

というわけで以下内容について、ご確認ください。
(1) まず先ほどの打合せの議事録については、このメールに添付したPDFにまとめておりますので、今一度ご確認ください。
(2) 次に、添付PDFには、明後日の打合せで使うアイデアシートが入っていますので、各自ご記入の上、明後日、必ずご持参ください。
(3) 来週のプレについては、水曜の13時で調整中ですので、スケジューラーに仮置きしています。

………

(10)　というわけで、いよいよプレゼンは来週が本番です。がんばりましょう！

最後に、長文かつ、大人数に送信しているメールの場合、「一字一句、最後まで読まなければ」という責任感が、受信者の意識の中で希薄になることが予想されます。そこで発想の転換として、個々のパート（箇条）について、特に意識するべき受信者を名指しするという荒技があります。

というわけで以下内容について、ご確認ください。
・まず先ほどの打合せの議事録については、このメールに添付したＰＤＦにまとめておりますので、今一度ご確認ください　＼/中村さん、必ず見てくださいね。
・次に、添付ＰＤＦには、明後日の打合せで使うアイデアシートが入っていますので、各自ご記入の上、明後日、必ずご持参ください　＼/高橋さん、田中くん、今回は絶対に忘れずに！
・来週のプレについては、水曜の13時で調整中ですので、スケジューラーに仮置きしてい

ます　＼／佐藤部長、打ち上げは派手にお願いします!!

と、この項目自体が長文になってしまいました。ただ、計算と配慮が行き届いた長文メールは、面倒や手間を一気に粉砕し、ビジネスを「無駄なく・無理なく・機嫌よく」（ＭＭＫ）します。ぜひトライしてみてください。まずは「RE:RE: 祭り」の「鎮火」から。

即レス原理主義

メールの送り方について考えたところで、次に返し方についても考えてみたいと思います。しかし、返し方についての原則はシンプルで、基本早く返してあげるということに尽きます。つまりは「即レス」。

と書くと、また当たり前のことを書いていると思われるかもしれませんが、ぜひご自身の経験を振り返っていただきたい。あなたにも、こう思ったことがあるはずです。

「即レスすると、暇だと思われてしまうんじゃないか？」

「即レスすると、軽く見られてしまうんじゃないか？」

叩き潰していきたいと思います。まず前者、「暇だと思われるのが嫌だ」症候群。私は会社員時代、「忙しい、忙しい、忙しくってたまらん」とのべつ幕なし言っている同僚の中で、仕事をしてきました。確かに本当に忙しいのであれば、ワークシェアリング再考に向けた繁忙の主張は一種の権利なのですが、本当は暇なくせに「忙しい、忙しい」と言っている同僚が多かった。あまりに多かった。

これが「暇だと思われるのが嫌だ」症候群。発症要因は大きく分けてふたつ。ひとつは、暇だと思われると仕事を詰め込まれるから。もうひとつは、暇ということは仕事が出来ない、つまりは仕事が出来ない奴と思われるから。

ふたつの理由、理解できないことはないのですが、だからといって、暇なのにもかかわらず「忙しい、忙しい」と言うのは、正直ちょっとかっこ悪いなぁと思い続けていて、私自身としては、ある種の美意識として、極力「忙しい」と言わないようにしていました。

ある上司が言っていました。「ギリギリまで『忙しい』と言うなよ。なぜならば、そう言うごとに、いい仕事、面白い仕事が逃げていくんだ」。今から考えれば、多少精神論臭いニュアンスも配合されているように感じますが、でも、私の経験的にも、これは事実のような気がします。

次に「軽く見られるのが嫌だ」症候群について。言い換えると「俺は、もう40代のディレクターなんだから、若者の返信が出揃ってから返すんだ」。こちらは、さらにつまらない自尊心です。

私は逆だと思うのです。上司、先輩、年寄りこそが、メールの返信などで若者に先んじるべき。なぜなら、年寄りが動けば、若者も動かざるを得ない。結果、プロジェクトの動きが機敏になり、仕事全体がテキパキと流れていくようになる。いいことずくめ。

というわけで、話を戻せば、「即レス原理主義」で行こうということです。特に「イエス」か「ノー」かを問うような、とてもシンプルなメールに対しては、原則、即レスで。

ただ私自身も経験があるのですが、「即レス原理主義」を採用すると、どんなメールにも即レスしたくなる。サッカーやバスケットボールの初心者のように、ボールを持っていることが不安・不快になって、すぐに誰かにパスしたくなる。

でもさすがに仕事のメールですから、即レスできない、ちょっと考えて返信しなければならない内容のメールもあります。そのときは、ちゃんとボールをホールドして、しっかりと考えて返信する。でも大丈夫です。あなたがしっかり考えて返信しても、つまらない症候群にさいなまれた他のメンバーは、まだ返信していないのですから。

最後に、メールの開封忘れ問題について。「即レス原理主義」で行こうと思っても、受信メールが増えると、ついつい開封を忘れた見逃しメールが残されて、結局、そのメールについては「遅レス」になってしまう。みなさんも経験があるはずです。

対応策はなかなか難しいのですが、ここで活きてくるのが「第二章　時間論」で述べた「毒見」の考え方です。つまり、いきなり個々のメールに一つひとつ返信していくのではなく、まずは、全部開けてみて、返信すべきメール（の相手や内容）を「To Do リスト」に書き込んだ後で、一つひとつ、ゆっくりしっかり返信していく。

「毒見」――つまり、今返信しなければいけないメールの全体量を把握してから、返信対応するのです。なぜならば、個々のメールに一つひとつ返信していくうちに、時間がどんどん過ぎた結果、「開かずのメール」が残されて「即レス原理主義」が崩壊――。何より避けるべき事態です。

でもまずは意識の転換から始めましょう。心の中に巣食う「即レスすると、暇だと思われてしまうんじゃないか？」「即レスすると、軽く見られてしまうんじゃないか？」

的、つまらない症候群の一掃から。
だってそんなの、本当につまらないんですから。

連絡無視論

連絡論の最後は、「連絡を見ない論」「連絡を無視する論」について考えてみたいと思います。

連絡するメディアが進化していきます。メールから、最近ではチャットツールが全盛となりました。結果、やり取りがとてもシンプルで端的なものになっていきます。例えば、打合せの連絡について、メールだったら、

お疲れ様です。
明日の打合せは、15時から8階第3会議室です。
よろしくお願いします。

という感じだったのが、チャットだと、

「明日の打合せは、15時から8階第3会議室で」

「りょ」


と、いよいよ用件のみになる。

この変化、基本的には、いいことだと思っているのです。30数年前の新人時代、固定電話で「ええ」を見事に使いこなす大人な先輩にビビった身としては。用件だけをすっと投げかけられるチャットって楽だなぁ、便利だなぁと思うのです。

しかし同時に、問題も感じます。それは、ふたつの「こうそく性」。

ひとつは「拘束性」。メールだチャットだ、と連絡がいよいよ気軽になっていく分、いつでもどこでも連絡が追いかけてくる。つまり24時間、会社員は連絡に拘束される。

このストレスは相当なものです。会社員のメンタルダウン問題が叫ばれて久しいのですが、「連絡の拘束性」は、メンタルダウンの増加に、かなり影響を与えているのではないかと、私は考えています。

もうひとつは「高速性」。みんな「拘束」されているから、いつでもどこでも連絡に対して、高速で対応しなければならない。休憩中、移動中、食事中、下手したら睡眠中……。そんな「連絡の高速性」も当然、会社員にとって、大きなストレスになっているはず。

私自身にも経験があります。朝起きてメールを見たら、とんでもなく深い時間に、何本ものメールがやり取りされていていてげんなりしたりとか、あと、トイレか何かで夜中に起きて、ついでに少しだけスマホを見たら、トラブルに対する緊急対応が求められていて、しょうがなく、深夜なのに寝ぼけまなこでPCを立ち上げたりとか。

思い出すのは、固定電話の時代。あの頃は会社から出ると、基本、完全に仕事から解放されました。当たり前です。連絡手段がないのですから。金曜日の夜、すべての仕事を終えて、飲みに行くときの解放感は忘れられません。両足が、本当に宙に浮いているような気がしたものです。

対して、現代の会社員の負担となっているふたつの「こうそく性」に対して、日本企業は、日本社会は、何か対策を打つべきではないのか。突然話が大きくなっていますが、私は本気でそう思っています。

「22時以降は、メールを見なくてもいい」——そんなルールを、会社員時代に一度提案したことがあるのです。送るのはオッケー、でも見なくてもいいと。しかし、やはり見たくなりますよね。特に、何か現在進行形のトラブルが起きているときとかは。

それでも、そろそろ考え始めた方がいいと思うのです。このままでいいはずがありません。

「連絡を見ない論」「連絡を無視する論」の時代、つまり、会社や社員の「持続可能性」を維持するために、社員の「接続可能性」を制限するべき時代が、もうそこに来ているのです。

第六章　企画書論——日本語と数字をとにかく分かりやすく

企画書作りは文字要素が7割

企画書というものが、ビジネスの現場でこれほど多用され、これほどメジャーな存在になったことは、かつてなかったことだと思います。さらに言えば、企画書の体裁がこれほどまでに統一されたのも、近年のことなのです。

パワーポイント（パワポ）に、文字だけじゃなく、グラフや画像、たまには映像まで貼り込まれた、何十メガバイトもする、色鮮やかできらびやかなドキュメント——。

平成初期ぐらいまでは、こんな奇妙なドキュメントを作るのは、広告会社くらいのものでした。その頃はまだ、ドキュメントをPCからスクリーンや巨大モニターに投影することも一般化していなかったので、得意先に配布するときは、高額のカラー印刷代を払って、透明ビニールの表紙を付けて、製本して、と大騒ぎでした。

しかし、パワポというプレゼンテーションソフトがビジネス標準となり、軽量で安価なノートPCやプロジェクターがあっという間に普及したことで、それまでバラバラだった「企画書」像が、先述のようなリッチな体裁に統一されていったのです。

オフィスを舞台としたドラマで、イケメン俳優が、大スクリーンを前にパワポを投影しながら、意気揚々とプレゼンするシーンを見て、広告会社出身のオジサンは、「ああ、こういう企画書、こういうプレゼンが普通な世の中になったんだなぁ」という感慨にふけるのですが。

企画書の体裁がリッチになったということは、企画書を書く、いや作るのが大変になったということです。文字を埋めて、グラフを作って、画像を入手して……「登場人物」が多いから作るのも大変。深夜までかけて、画面の中のバラバラな登場人物と格闘している人も多いでしょう。

大切なことを言います。

「企画書は文字」なんです。絶対に。

リッチな体裁が普通になってから入社した人は、このあたりを理解していない。だから、バラバラな登場人物を前に混乱してしまう。

逆に、パワポが無かった頃のビジネス現場の経験があり、例えばA4縦の文字だけのドキュメントでプレゼンしたことが何度もある私などは、「企画書は文字」「とりあえず文字さえあればプレゼンが出来る」ということを体感的に理解しています（もっと言えば、ドキュメントなしの口頭プレゼンなども、何度も経験しています）。

だから、企画書作りの鉄則は、まず最初に、文字要素だけを固めることなのです。

具体的に言えば、私の場合はまず、ウィンドウズPCに入っている「メモ帳」というソフトで、企画書に埋め込む文字をひたすら書いていきます。企画書を「作る」ことを、企画書を「書く」ことから始めるのです。

文字を書くときに使うのは、パワポと同じマイクロソフト社のワードだろうという人が多いと思いますが、ワードは、余計な機能が多く、文字列をきれいに見せるのには適していますが、文字列そのものを埋めていくのには向いていない。

逆に「メモ帳」は、文字列の検討だけに特化した、実にいさぎよいソフトで、今でこそフォントや級数を指定できますが、昔はそれすら出来なかったという、あれこれ考えがちな、落ち着きのないビジネスマンを、書くことだけに集中させる、実にありがたいソフトなのです（ちなみに私は、企画書だけでなく、例えばこのような書籍用原稿も、すべて「メモ帳」で書いています）。

文字要素だけを固めることの利点は、まず、企画書の流れ、論理の構成をちゃんと考えることが出来るということです。論理とは、つまりは文章の組み合わせです。文章を読んでいてつじつまが合わない箇所は、パワポ化すると、さらに論理破綻していきます。だから、とにかく上から読んでいって、スムーズに論理が流れるよう、文字要素をしっかり固める。それが出来たら、企画書はもう7割方、完成したも同然なのです。

それが証拠に、利点のふたつ目。文字要素が完成したら、極端な話、プレゼン日が突然早まっても、プレゼン自体は何とか出来ます。だって、肝心の骨組みはもう完成しているのですから。

最近は、リッチで華美なパワポを作ること自体が目的化しているような気がします。そのせいで、多くの会社員が、実は不要で不毛な作業に時間を投下し過ぎている気もするのです。

的確なデータや美しい画像をパワポに貼り付けるのは楽しい。何百冊、いや千冊は超えているはずの企画書を量産してきた身として、重々理解しています。

ただ、物事には順序があります。とにかく文字、まずは「メモ帳」。これが「無駄なく・無理なく・機嫌よく」（ＭＭＫ）な企画書作りの鉄則です（と、ここまで書いて、私は今「メモ帳」を保存しました）。

アイデアは質より量

企画書の作り方を考える上で、その内容物である「企画」の作り方を考えてみたいと思います。具体的にここでは、企画のプリミティブな種としての「アイデア」について考えてみましょう。

「明日の打合せまでに、面白いアイデアを考えてくるように」

全部足し上げれば、日本の様々な会社において1日あたり数万回ほど、このような指令が飛んでいることでしょう。事業戦略に関するアイデアから、宴会の余興に関するアイデアまで。つまりアイデアは、会社における血液のようなものなのです。

私は、こういうお題、大好きでした。のちに評論家なんて仕事をするくらいですから、何か考えたことを発表するのが性に合う。具体的に言えば「みなさん、私、めっちゃオモロいこと考えましたよ。これこれこうで。ねっ、オモロいでしょー?」みたいなことを考えて話すことが、我が人生の目的のような気さえしています。

というわけで、若い頃から、先のような上司の指令に対しては、かなり力を入れて取り組んだものです。

しかし、です。これがなかなか難しい。キャッチコピーでもイベント企画でも何でも、5つ6つくらいの冴えたアイデアは、すぐに思い付くのですが、そこで止まっちゃうのです。

あ、ここで原則論を言いますと、いいアイデア作りと数多いアイデア作りは同義です。もちろん、最高のアイデアをひとつだけ考えて、それが採用されるという仙人みたいな人もいるかもしれませんが、実際のところは、みんなで山ほどアイデアを考えて、でも、その多くが捨てられた結果、最後に、最高のアイデアだけが生き残るというプロセスになっています。

つまり、アイデアの量が質を規定する。これ、大原則論。

「ひろげ」と「ぶつけ」の鈴木メソッド

さて、広告会社では、「アイデアを100個考えてこい」という、ごむたいな指令がよく飛びます。多分にスパルタ的、根性論的に聞こえますが、視点を変えれば、違う方向性のアイデアをいくつも量産する訓練だと言えます。

つまり、同一方向で5つ6つのいいアイデアが出たら、それとはまったく違う方向性を発見して、そこで5つ6つ、さらにはまた違う方向性で……という、柔軟な発想の仕方をするための訓練なのです。

果たして、そんなこと出来るのか？　はい、出来ます！　私が体系化した「鈴木メソッド」を使えば……。

「鈴木メソッド」は、会社員当時、私が社内外の研修で使っていた発想法です。実際のところは、私がゼロから作ったのではなく、世の中に流布している様々な「アイデア発想法」を、簡単なかたちで取りまとめたものに過ぎないのですが。

では、早速ご説明しましょう。

「鈴木メソッド」は、「ひろげ」と「ぶつけ」で構成されます。

「ひろげ」は、アイデア作りのテーマ（お題）の近接概念に世界観を広げる、言わばアイデアの「的《まと》」を広げることです。

例えば、後述する「画期的な洗濯ばさみのアイデア作り」の場合、「洗濯ばさみ」というテーマを中心に「的」を広げる。コツとして、「ひろげ」るときには、形容詞を多用するのが効果的なようです（形容詞は頭を柔軟に、感覚的にします）。

・「洗濯ばさみ」→（洗濯と言えば）「白い」→（白いと言えば）「雪」

という具合ですね。これによって「洗濯ばさみのアイデア作り」というピンポイントで狭いテーマではなく、「白い」や「雪」という近接概念を含めた広い「的」からもアイデアを発想できることになる。

次に、こちらの方がより重要なのですが、「ぶつけ」です。これはいわゆる「強制発想法」と言われるもので、テーマにまったく関係のない事象を脳の中に放り込んで、テーマとその事象の異種配合によって、無理やりアイデアを紡ぎ出すことです。

例えば、机の上に散らばっている写真と「ぶつけ」て、無理やりコピーを考えるとか、新聞に載っている記事と「ぶつけ」て、無理やりイベント企画を考えるとか、よくやりましたよ。

後述する「画期的な洗濯ばさみ」の例の場合、「長嶋茂雄」など、突然、何の脈絡もない野球選手が登場しますが、これも「ぶつけ」。野球選手にしているのに他意はないのですが、そもそも「ぶつけ」ということ自体、脳に一定のストレスをかけるものなので、できるだけ自分の趣味に近い事象と「ぶつけ」る方が、ストレスが減ると、経験的に思うのです。

それでは「鈴木メソッド」の実例を見てみましょう。「これがプロのアイデア発想プロセスだ！」という触れ込みで、先述の研修にて披露していた「画期的な洗濯ばさみのアイデア作り」の事例です。


「洗濯ばさみかぁ、画期的な洗濯ばさみって、あるのかなぁ」

↓（ひろげ）「洗濯と言えば、形容詞で言えば『白い』だなぁ」

↓（ひろげ）「『白い』と言えば、雪だ」

↓（つぶやき）「雪が降るような、寒い地域に対応した洗濯ばさみってあるかしら？」
●「アイデア①：熱を発し、寒い物干し台でも使いやすい、カイロ付き洗濯ばさみ」
↓（ぶつけ）「長嶋茂雄」

↓（ひろげ）「長嶋と言えば、派手」

↓（つぶやき）「そう言えば、洗濯ばさみって、何であんなに地味なんだ？」

●**「アイデア②：キティちゃんのキャラクター付き、派手で可愛い洗濯ばさみ」**

●**「アイデア③：カタチ的には、手がはさみになっているバルタン星人の方がいいかも。バルタンばさみ」**

↓（ぶつけ）「2番打者の井端弘和。派手ではなく、もっと実直に」

↓（つぶやき）「実直ということは、まずは基本性能である『はさむこと』にこだわる」

●**「アイデア④：海沿いなどで風に飛ばされないよう、めっちゃ固くはさむハードばさみ」**

↓（つぶやき）「そもそも外で使うか？　都会の場合、部屋干しが多いだろう」

●**「アイデア⑤：部屋干しの嫌なニオイをカバーするお香付き洗濯ばさみ」★**

↓（ぶつけ）「中村剛也（おかわり君）」

↓（ひろげ）「巨漢、大食い」

●**「アイデア⑥：巨漢用の特大洗濯ばさみ」**（以下、続いていく）

こんな感じです。何となくご理解いただけましたでしょうか。確か、2005年くらいに作ったものなので、選手名など、やや時代がかっていますが、ご容赦ください。あと「つぶやき」というのは、自らの一生活者としての感覚の発露です。つまりは日々の観察眼が問われます。

さて、アイデア⑤に★マークが付いています。何かというと「これ、なかなかいいアイデアじゃないか」という意味での★です。

言いたいことは、例えば、ここにある6つのアイデアで、星が付くような冴えたアイデアは1つだけ。要するに、先に述べた大原則論のように、アイデアの数が質を規定するということなのです。

「ひろげ」て「ぶつけ」て、いいアイデアを量産してください。

企画書の日本語論①――熟語と体言止め

本章の冒頭で「企画書作りは文字要素から」と申し上げましたが、では、文字要素をどのように書いていくのか、その原則論をお教えしたいと思います。

言ってみれば「スージー鈴木の企画書版・文章読本」なのですが、残念ながら企画書における日本語に、そんなに個性的で奥深い世界はないように思っています。

会社員から音楽評論家に転身した私など、もしかしたら「平凡ではないロックンロールな文章を書いていたのでは？」と憶測されるかもしれませんが、確かに、先に述べたように、ギターを弾きながらプレゼンした経験はあるものの、その場合でも、企画書の日本語自体は、そんなにトリッキーなものではなかったと記憶します。

というくらい、企画書の日本語は、定型的なものなのです。なぜか。

たとえ広告会社といえど、企画書自体は、やはりビジネス文書なのです。つまりは実務的で端的で、偏りのない日本語が重宝され、逆に癖のあるロックンロールな文章は、損をすることが多い。

とはいえ、最近は、くだけた文章でもOKという業界も出てきていそうな感じもありますが、もしそうだとしても、実務的なビジネス文書をさらさらっと書けたら、後述しますが、得をする局面がとても多いので、早めに書き慣れておくべきだと、私は思います。

では、どのように書くのか。ポイントは2つです。「熟語」と「体言止め」。

要するに、単位文字数あたりの意味内容をリッチにするということに他なりません。

たったペライチだったとしても、そこに企画を売り込む理由がリッチに書かれていれば書かれているほど、ビジネスに貢献するわけですから。

では先に、具体例を見てみましょう。こういうことを企画書に書きたいと思ったとします。

スージー鈴木を知っている人の割合は、残念ながら、20代から50代の男性女性全体では、たった7%という結果で、さすがに有名人というには忍びないレベルなのだが、50代だけに限れば、何と33%にまで高まり、50代狙いの広告展開なら、起用してみてもいいかもしれない。

スージー鈴木の広告起用が検討されているのですね。ありがとうございます。

このままでもいいじゃないかと思う方も多いでしょう。いえ、場合によっては私も、これでOKとするかもしれません。ただやっぱり冗長な感じは否めない。文章がダラダラとしているということは、そのページ/スペースに他の内容が書けなくなる。つまりは先の「単位文字数あたりの意味内容をリッチにする」という法則から外れていく。

ではここで、熟語と体言止めを、いやらしいほどまでに使い倒してみましょう。

スージー鈴木の認知率は全体では7％と有名人水準には未達。しかし50代に限定すれば33％と高水準。同層への強い訴求力を持つ可能性。

はい。文字数が半分近くに減りました。細かく見ていきますね。

まず、調査サンプルに関する「20代から50代の男性女性全体」が「全体」と略されています。おそらく文脈からすれば、調査サンプルのことなど、それより前に説明済みの事実と思われますので略したのでしょう。このように凡例として説明済みの部分は繰り返さないのが鉄則。

ちょっとやり過ぎかと思いつつ「有名人水準」。熟語かつ造語です。ただ意味は分かりますよね。このように造語による熟語化・名詞化をすれば、意味内容を一気に凝縮できます。

「未達」という名詞（体言）で終わるのが体言止め。他にも「高水準」「可能性」と、全文に体言止めを使ってみました。最後の「可能性」なんて、企画書業界でしか使わない体言止めでしょう。その「可能性」が高いのか低いのか言明していない。でも企画書においての「可能性」止めは、100％「可能性が高い」の意味なのです。「同層」は、その前に「50代」が説明済みなので、繰り返さないという鉄則からの活用。冒頭の「認知率」や最後の「訴求力」は一見造語っぽいですが、広告業界であれば一般名詞として、堂々と使える言葉です。

さて「33％」という数字が出てきました。この数字、企画書上はこのままでいいとして、この企画書をベースにプレゼンする場合、口頭ではこう読み替えるのがプロフェッショナルなのです――「約3人に1人」。このあたり、この後の「プレゼン論」で詳しく。

と、熟語と体言止めを多用すると、あら不思議、「実務的で端的で、偏りのない日本語」がさらさらっと書けてしまいます。ちょっと慣れが必要ですが。

このような日本語作りに慣れておくと、会社仕事以外、さらには退職後にも使える場面が実に多い。例えば、私なんかは評論家仕事の一環として、自著新刊の企画書をたまに書きますが、まぁ、早いのなんの、ソツのないのなんの。口の悪い編集者には、本の中の文章より、企画書の文章の方が魅力的とまで言われたりします。

要するに、「アイデアは会社における血液」という先の比喩になぞらえれば、企画書は、アイデアを会社や得意先の中で流通させていく「血管」なのです。だとしたら、熟語と体言止めを多用した、血液がサラサラと流れていく血管、いや文章がいい。

会社員でいるうちに、ぜひ試して身に付けてください。身に付けると、あなたのこれからの人生が大きく変わる——可能性。

企画書の日本語論②——分かりやすさが正義

前項「企画書の日本語論」の続きです。「企画書の日本語」において、いちばん大切なのは「分かりやすいこと」だと思います。

そもそも、どんな素晴らしい企画だったとしても、企画書の日本語が分かりにくくて、読み手（得意先）にまったく伝わらなければ、その企画は売れない。ビジネス価値はゼロ。ということは、その企画書はゼロ点・ゼロ円になります。

この「分かりやすさ」を、もう少し具体的に言い換えれば「読みやすさ」。とにかく、読み手がつっかえずに、最後までスーっと読めて、かつ意味内容がスムーズに理解できる日本語を目指す。

読んでいて、つっかえてしまう本ってありますよね。つっかえたときに、多くの読者は、せっかくだから一生懸命解読して、意味内容を理解しようと努力すると思うのですが、私、あれ嫌いです。

というか、読み手がつっかえてしまう文は、そもそもが悪文なのです。ということは、つっかえる悪文を書いた書き手が悪者。だから、正義の読者であるこちらが、わざわざ一生懸命解読してやる理由なんてないんだと思いながら、そっとページを閉じるのですが。

企画書は、本よりもページがもっと閉じられやすい書類。読み手は、勝手に売り込まれた企画を、わざわざ「読んであげている」のですから。逆に言えば、企画書の書き手は、読み手がページを閉じないような、最後までスーっと読める日本語を、本気で目指さなければなりません。

では、分かりやすさ・読みやすさに向けて重要なことは何かと聞かれたら、私は「語順」だと答えます。

①とても大きな赤いリンゴ

②赤いとても大きなリンゴ

①②とも同じ事実を述べていますが、どちらが分かりやすい・読みやすいでしょうか。論をまたないですね。絶対に①です。

というのは、言わば「語順の第1法則」として、修飾語（句・節）が複数あった場合、文字数の多い順に並べていくと分かりやすくなるというルールがあるのです（このあたりは本多勝一の名著『日本語の作文技術』〔朝日文庫〕に詳しく書かれているので、興味のある方はご一読ください）。

さらに言えば、紙ではなくスクリーンなどに投影される資料や、サイトに掲載される記事など画面越しで見せる場合は、いきおい読点「、」を増やすことで、文の構造を明確に視覚化した方がいいように思っています。

このあたり、個人的な意見かもしれませんが、紙に比べて画面の方が、読み手の文への関与度が低くなるので、画面の場合は、より構造的な見せ方が必要だと、経験的に思っています。ちょっと極端ですが、例えばこんな感じ。

①とても大きな、赤いリンゴ

ただ、一筋縄でいかないのは、「主要トピック」を前に出した方が、読み手の心理にスムーズに入れるという「語順の第2法則」があることです。「主要トピック」とは、その文脈における「話題の主人公」。

①スージー鈴木の認知率が、今回の調査では10ポイントも上昇
②今回の調査では、スージー鈴木の認知率が10ポイントも上昇
③10ポイントも、スージー鈴木の認知率が今回の調査では上昇
(「ポイント」という単位表現については後述)

この場合、「上昇」にかかってくる(=「上昇」を修飾する)登場人物は3つ。

・スージー鈴木の認知率が
・今回の調査では

・10ポイントも

「第1法則」からすると①が正解でしょう。普通に読んで、スーっと入ってきます。

ただし、もし「前回の調査では認知率が低下したにもかかわらず、今回の調査では、やっと、念願叶って……」的な、「今回（の調査）」が「主要トピック」だと②が正解、同様に「昨年はたった1ポイント上昇しただけだったのに」的な文脈だと、③も、ありと言えばありかもしれません。

ちなみに私は、サイト向けの記事をよく執筆しますが、（広告収入にリンクする）閲覧数を高めるには、タイトルにおいて、固有名詞を前出しすることが鉄則になっているようです。

①スージー鈴木が還暦を前にして大人気の理由
②還暦を前にしてスージー鈴木が大人気の理由

こういう記事の場合、「スージー鈴木」が「主要トピック」なのですから（自分で書いていて妙な気分ですが）先に持ってくる。逆に②の場合、「還暦を前にして」という、本論から遠い、引っかかりの弱いところを読んでいるうちに、別の記事に目移りしてしまう可能性が高くなる。

話を戻すと、以上のように、まぁ正直、一撃必殺の法則性はないのですが、それでも「第1法則」「第2法則」を意識するだけで、あなたの企画書は、格段に読みやすくなるはずです。ぜひ意識してみてください。

企画書の日本語論③——語順に気を付けろ

では、どんな媒体を読めば、正確な語順で並べられた、分かりやすい・読みやすい日本語が身に付くか。それは新聞です——いや、新聞「でした」。

かつては、心にスーっと入ってくる、スムーズで明快な日本語の達人たちが書いていた新聞でしたが、どうも最近は、つっかえるような文を目にすることが増えたような気がします。

海上自衛隊の護衛艦が2021年春から複数回にわたり、中国が南シナ海で領有権を

主張する人工島や岩礁の近海を航行していたことが分かった（『読売新聞』22年1月11日）

つっかえませんか？　少なくとも100点満点ではないですよね。「航行していたことが分かった」にかかる登場人物は3つ。

①海上自衛隊の護衛艦が
②2021年春から複数回にわたり
③中国が南シナ海で領有権を主張する人工島や岩礁の近海を

中国が南シナ海で領有権を主張する人工島や岩礁の近海を、海上自衛隊の護衛艦が、2021年春から複数回にわたり、航行していたことが分かった（スージー新聞）

長さ順だと③→②→①ですが、主語「海上自衛隊の護衛艦」（おそらく「主要トピック」）を前に出した①→②の方が理解しやすい感じがしたので、③→①→②とまとめてみました。少なくとも原文よりは、かなり分かりやすい。

ただ、「主要トピック」なのだからと、どうしても「①海上自衛隊の護衛艦が」から入りたい、ニュースバリューとして、この主語で目を引きたいのであれば（ままあることです）、①→③→②でどうでしょうか。

海上自衛隊の護衛艦が、南シナ海で中国が領有権を主張する人工島や岩礁の近海を、2021年春から複数回にわたり、航行していたことが分かった（読売＆スージー新聞）

ちょっと細かくなってきたので、このあたりで止めておきましょう。とにかく企画書の日本語は分かりやすい・読みやすいことが大事で、そのためには、先に述べた「熟語」「体言止め」に加えて（それ以上に）、「語順」が大事になるということです。

「語順」というと、どこか実務的な話に聞こえますが、これつまり、あなたの企画が通りやすくなるための重要な要素だという話なのです。さらに言えば、「語順」という細々したことに注意を払うだけで、あなたが自己実現するかもしれないという、そりゃもうでっかい話なのです。健闘を祈ります。

企画書のグラフ論

文字要素の話をしたので、せっかくですから「数字要素」（こんな言い方は普通しませんが）の話もしておきたいと思います。

音楽評論家なんて、文系の中の文系みたいな仕事をしているのだから、さぞかし数字は苦手だろうと思われるかもしれませんが、広告会社のマーケティング職は、日々数字と格闘する仕事でして、つまりは、数字やデータの扱いは、平均的な会社員に比べて、かなり得意な方だと思います。

そんな経験者からの視点で、最近の企画書、特に広告業界以外の若い方々が（いかにも一生懸命）作ったプレゼン資料を見て、いつも思うのは「あぁ、グラフが多いなぁ、多過ぎるなぁ」ということです。「数字が出てきたらグラフを作らねばならない」という強迫観念に囚われている気すらします。

私が会社員だった約30年間に、エクセルの機能は、劇的に向上しました。ＰＣの処理速度の向上も相まって、グラフがごくごく簡単に作れるようになりました。

でも、それでもグラフ作成は面倒です。マクロ（エクセル上で、グラフを自動的に作るプログラム的なもの）を組んだりしたら別ですが、1つのグラフを作るのにやはり1～2分はかかってしまうのが、平均的な作業感覚ではないでしょうか。

問題にしたいのは、グラフを作った結果として、話が分かりにくくなる場合。そもそもグラフは、複雑な数字やデータを、視覚的に分かりやすくするためのものにもかかわらず。

特に、いちばんイラッとくるのが「複合グラフ」というやつです。題して「複合グラフって分かりにくくないか説」。例えば、GDPと自動車の生産台数など、関連する（しそうな）2つのデータを、1つにまとめたグラフ（図1）。

よほどうまく作れば、もしくは、よほど明快な結果だったら別なのですが、「複合グラフ」は往々にして分かりにくい。その要因は、棒グラフ用と折れ線グラフ用、目盛軸が2つ並んでしまうことにあります。この情報量の多さが話をややこしくする。

もうひとつ問題にしたいのは、逆に、情報量が少な過ぎてスペースがもったいない場合。円グラフに多いですね。題して「円グラフって、語らなさ過ぎなんちゃうか説」。

例えば、賛成と反対の比率を示した、円グラフ（図2）。

（図１）複合グラフ

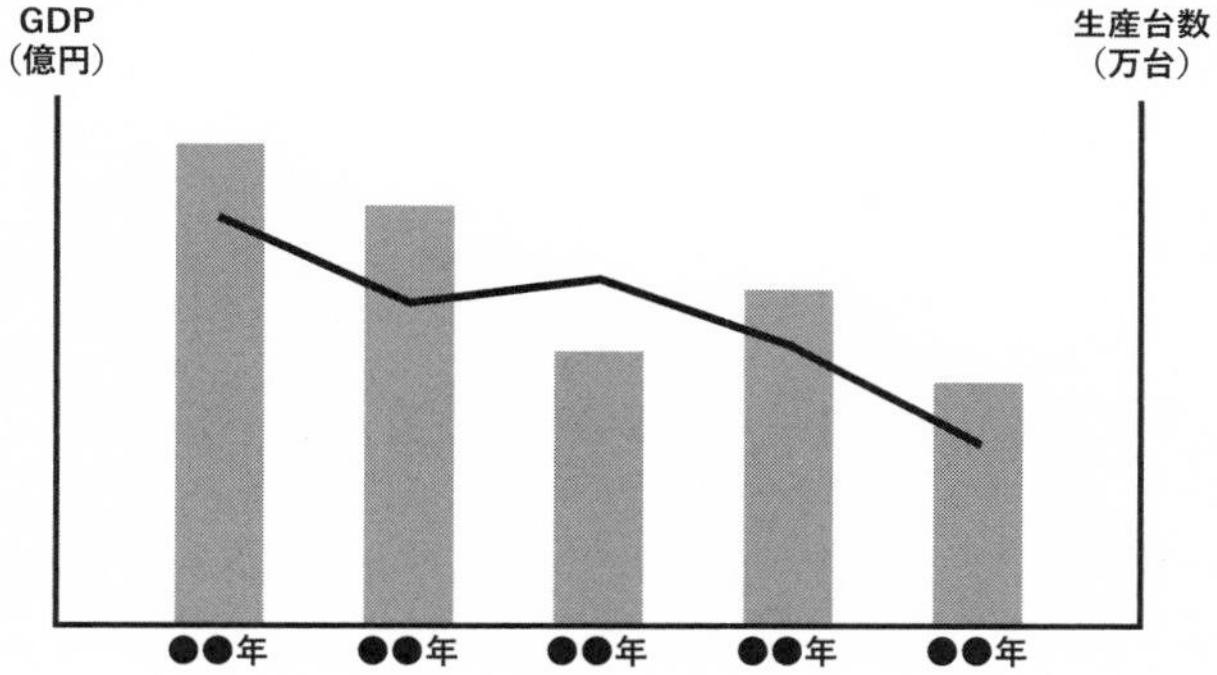

（図２）円グラフ

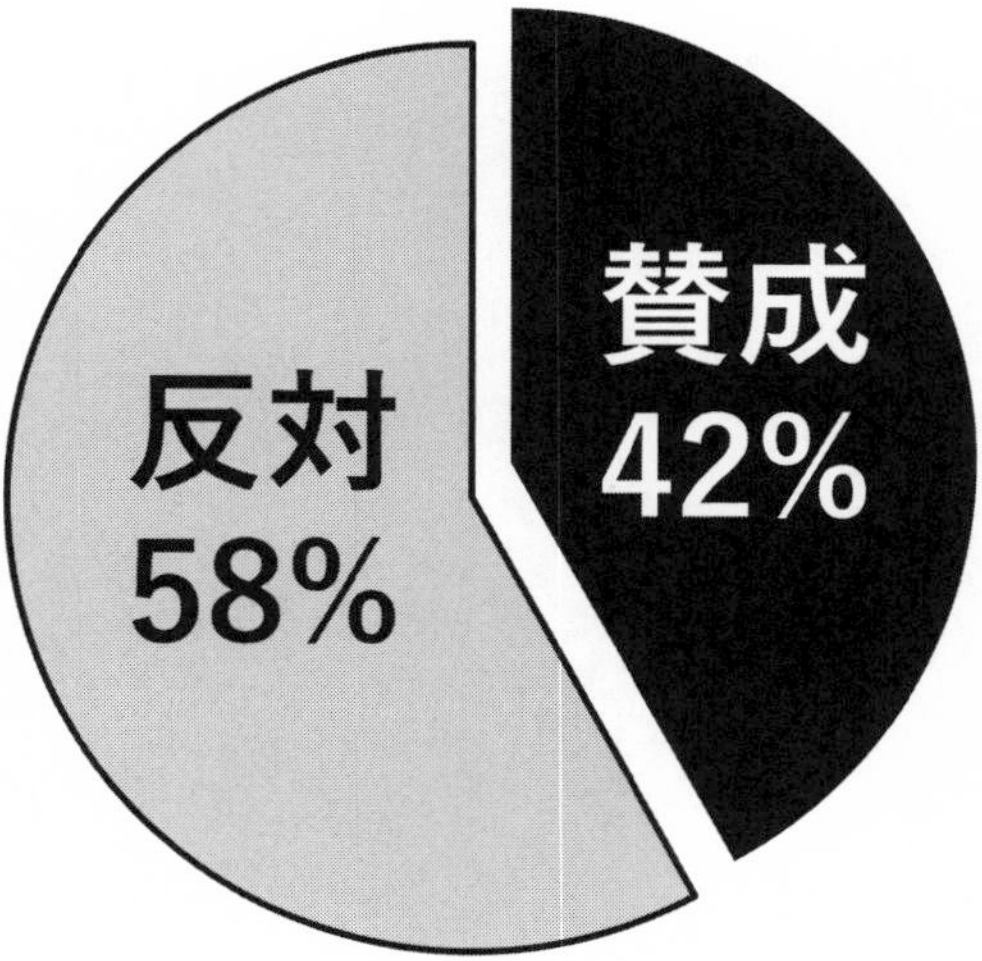

こんなのが、Ａ４横のパワーポイントの下７割くらいの面積で置かれたら、スペースももったいないし、グラフを作る作業時間すらもったいないと思います。どうしてもグラフにしたいなら、帯グラフで十分でしょう。円グラフと比べて、視覚的印象はほとんど変わらず、スペースはかなり削減できます（図３）。

大切なことは、グラフを作ることではなく、「そもそも数字を使って何が言いたいか」なのです。実例でご説明します。「ある商品のシェア（市場占有率）が30％から40％に上がった」ということを説明したいとして、棒グラフを作ったとします（図４）。

もっと分かりやすく、直感的にしたいと思って、棒の上に、シェアの数字（データラベル）を載せて、上がったという事実を示す矢印を加え、さらに具体的にしようと、何ポイント上がったのか（40％－30％＝10ポイント）をグラフの中に入れます（図５）。

（※こういう場合の％数値の差分には「ポイント」という単位を使います。というのは「30％から10％上がった」と言ってしまうと、今回のように「40％」になったのか、もしくは「33％」（30×1.10）なのかが曖昧になるからです。分かりますか？）

（図３）帯グラフ

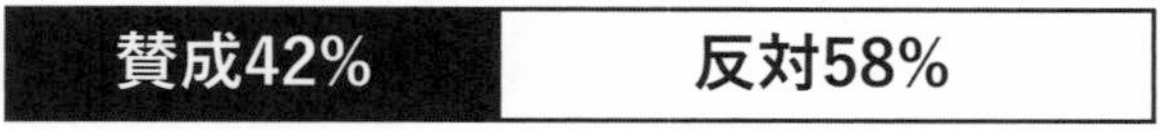

（図４）棒グラフ⑴

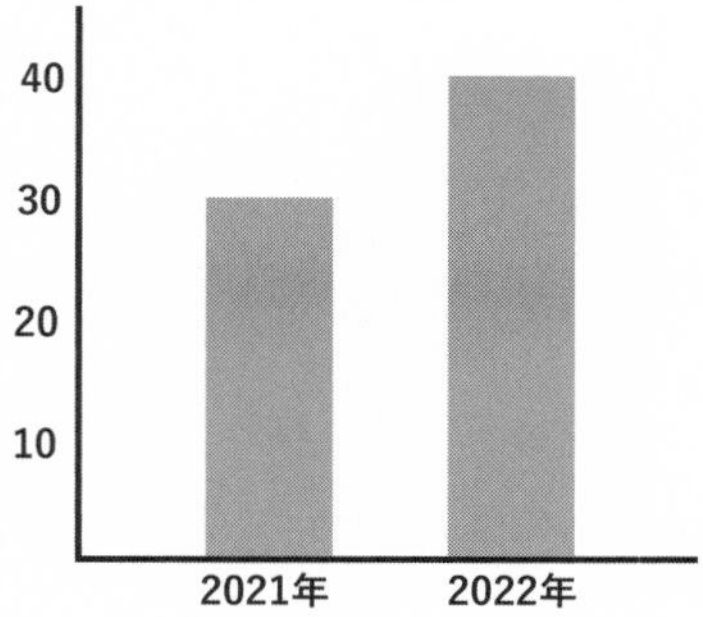

（図５）棒グラフ⑵

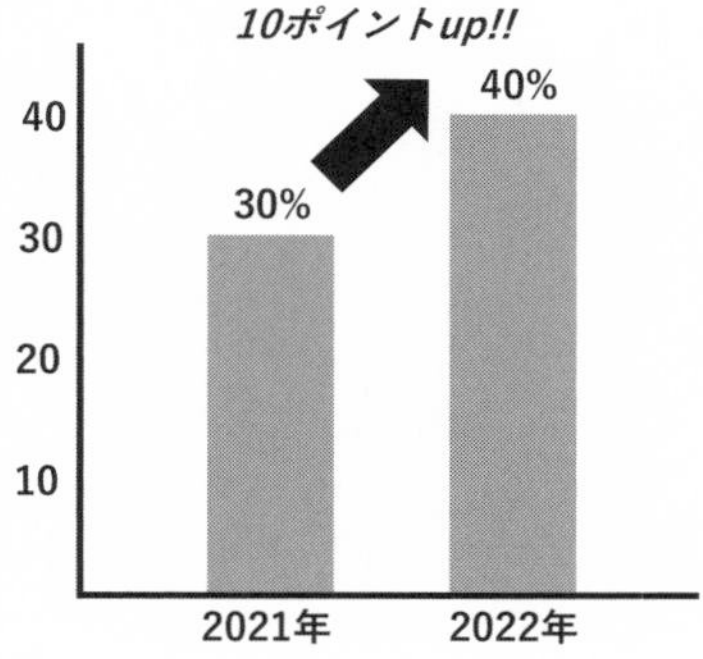

で、この「＋10ポイント」ということをグラフに載せた瞬間に、「『シェアが30％から40％に上がった』を伝えること」という原点にふと立ち返って思うのです――「グラフなんて要らないんじゃないか？」。

そうなんです。「ある商品のシェア（市場占有率）が30％から40％に上がった」という、こんなシンプルな情報であれば、数字（数表）で十分な場合が多いのです。差分のセルまで作れば、視覚的には地味なものの、事実は十分に伝えることが出来ます（表1）。

さらには、スペースをほとんど使わないので、例えば、地区別のシェアを下に重ねていくことも可能です（表2）。冒頭で書いた「グラフを作らねばならない」という強迫観念から脱却する方法のひとつは、数表のまま（ただしセルを増やすなど、少しばかりの工夫をして）で企画書に載せるというものです。

では、グラフのもっと積極的な活用法は何か、それは、単なる事実ではなく、その事実からある主張をしたいときに、グラフの手を借りるのです。つまり「言いたいことがあるときに、その主張に沿ったかたちでグラフを作る」。

例えば「ある商品のシェアが30％から【何と】40％に【とても】上がった」。これは

（表１）数表⑴

(%)	(a)2021年	(b)2022年	(b-a)
シェア	30.0	40.0	+10.0

（表２）数表⑵

(%)	(a)2021年	(b)2022年	(b-a)
全国シェア	30.0	40.0	+10.0
A地区	28.7	39.3	+10.6
B地区	32.6	35.2	+2.6
C地区	31.4	43.1	+11.7

（図６）横棒グラフ

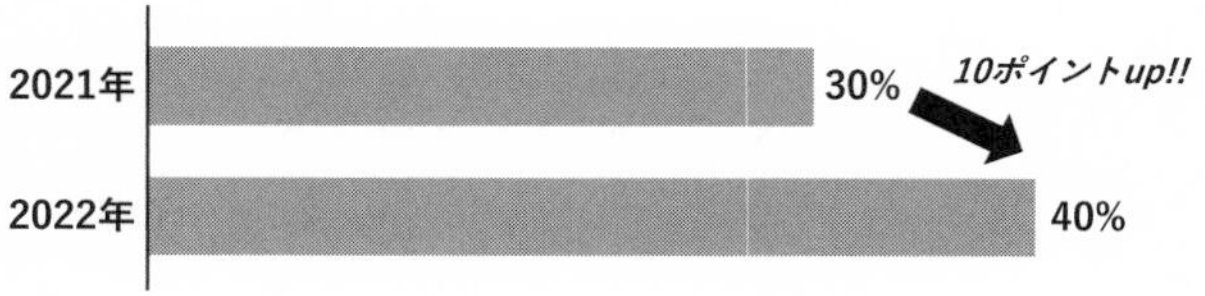

事実に対して、プランナーの価値判断＝主張（【　】内）が入っていますね。そうなると、30％↓40％の変化をダイナミックに見せるグラフが求められます。

Ａ４横のパワポで、グラフも横長前提とすれば、横棒グラフはどうでしょう。先ほどの縦棒グラフの比較よりも、伸びた部分が物理的に大きく、つまりはダイナミックに見えます（前ページ図６）。

逆に「ある商品のシェアが30％から【たった】40％と【ほとんど】上がらなかった」だとしたら、縦棒グラフにして、目盛を１００％にした、こういうグラフはどうでしょう（図７）。

「こんなの、視覚のトリックを使った心理操作じゃないか？」と思われる方もいるかもしれません。確かに、そういう側面があることも否めません。でも嘘はついてませんよね。だからビジネスとしてはセーフです。真実は歪めない、でも真実を自分（プランナー）の意図に沿って、大きく、または小さく見せる。それが企画書であり、プレゼンであり、つまりはビジネスなのです。

以上、今回は「グラフの作り方」という、極めて実務的な話に終始しそうでしたが、でも最後は、自分の意図、考え、ポリシーが大事というロックンロールな話に展開しま

（図７）縦棒グラフ

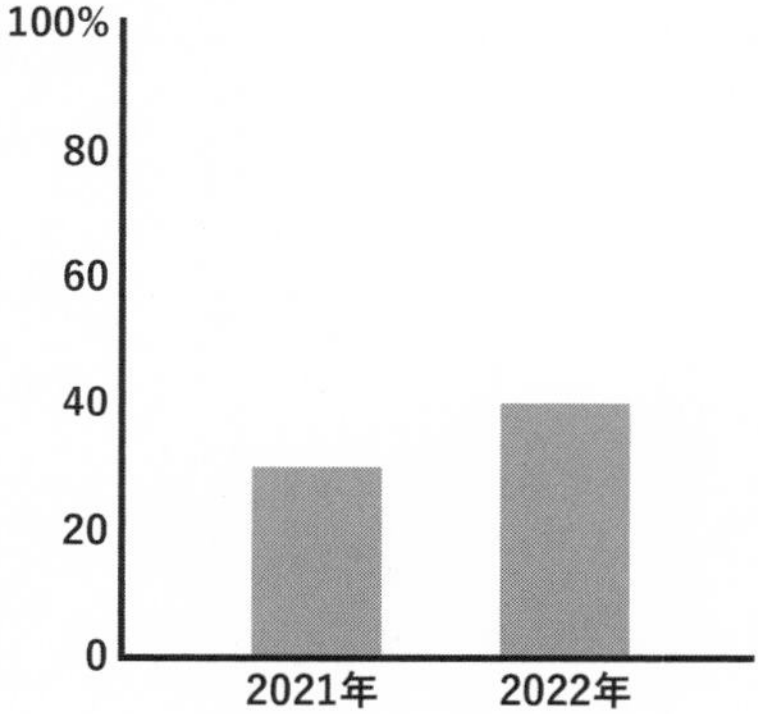

（図８）立体円グラフ

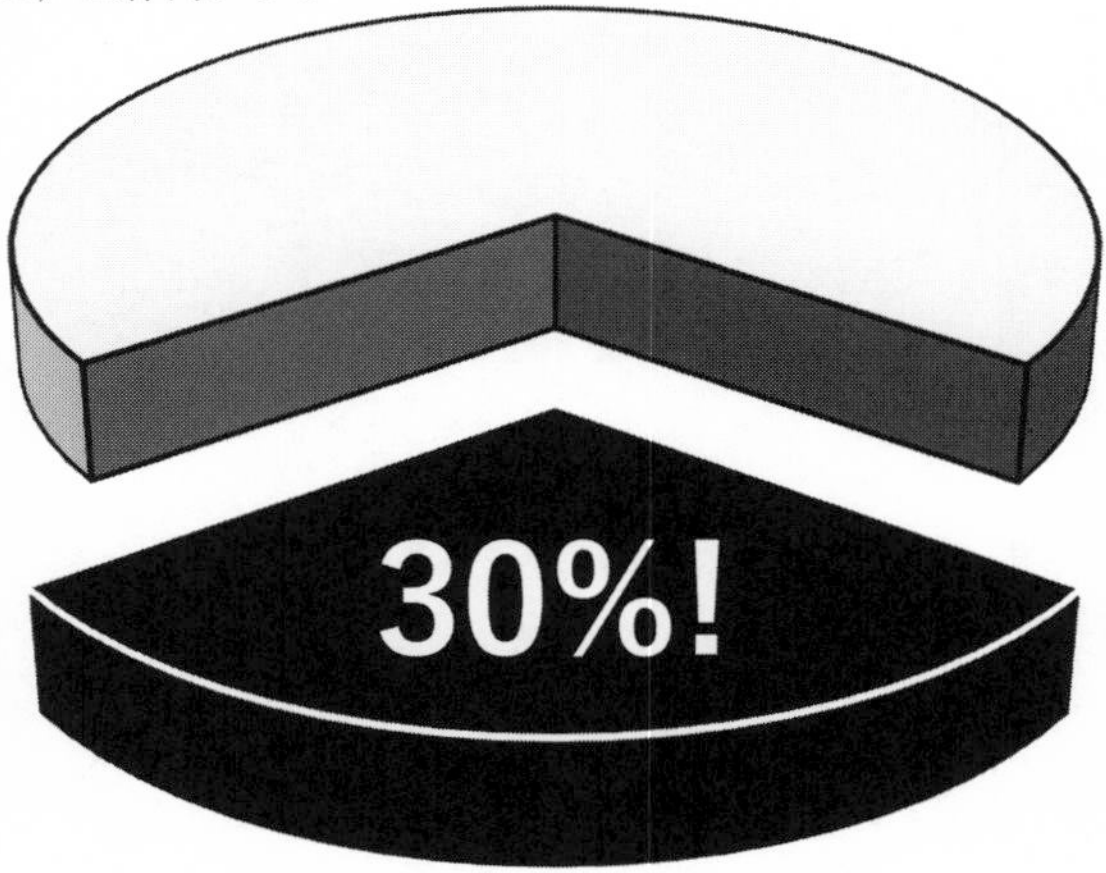

した。グラフも、企画書も、プレゼンも、ひいては会社員生活も、人生もロックンロール——自分ありきで自分らしく、ということです。

最後に、昔読んだ、アメリカ人によるプレゼンの教科書みたいな本で知った、極端なグラフ（立体円グラフ）についてご紹介します（前ページ図8）。

ここでの意図は「30％という、過半数に満たない比率を、とにかくめいっぱい大きく見せたい」というもの。さすがにここまで来ると「心理操作かなぁ」と思ってしまう私は、純朴な日本人です。

第七章　会議論――「男性性」「概念のオバケ」「ですよねー」

会議の男性性

この章のタイトルを「会議論」としました。「ミーティング論」「打合せ論」でもいいのですが、あえてもっともいかめしい「会議」とします。

まずお話ししたいのは、会社の中でも、かなりオフィシャルで人数も多い「会議」のしんどさです。そういう「会議」に出席する機会、若い頃には、そんなになかったのですが、管理職になるにつれ、だんだんと増えていきました。

若い頃の、現場での「ミーティング」「打合せ」では、その場で冴えた意見を言う「発想力」が、いちばん求められていたのですが、先のような「会議」では、その場で、無言で耐え忍ぶ「持久力」や、あらかじめ与えられた進行、予定された結論に向けてつつがなく動いていく「演技力」が求められていたような気がしたのです。

また、そういう「会議」に限って、なぜか長かったり、さらには、忙しい役員が参加者にいたりすると、その人のあいている時間にということで、わざわざ昼休みに集合して、みんなで塩辛い弁当を食べながらの「会議」が多かったことを記憶しています（そういうときの弁当は、なぜか決まって塩辛く味付けされた魚料理の和食弁当なのです）。

さて、最初に指摘したいのは、「会議の男性性」。

ここでいう「男性性」とは、序列主義と合理主義の融合したもので、大企業になればなるほど、「会議」、ひいては日々の業務を支配する空気のようなもの。

具体的に言えば、どういうアジェンダ（討議項目）で、何を話して、最終的にどういう結論に至るかが、事前に精緻に決められた「会議」。下手をしたら、何時何分から誰が話すかなどの「香盤」までが決められている。

その結果、例えば、突然の異議などでトップが当惑したり、威厳が損なわれたりという序列主義の崩壊がなく、また、一切のムダがない進行によって合理主義も担保される。

注目したいのは、私の経験で言えば、そういう「会議」の参加者が１００人いれば、その中の97人は「こんな会議、意味ねぇよな」と「会議」終了直後につぶやいている

（喫煙室などで）。なのに、そういう「会議」は決して減ることがない。あ、残りの3人は「会議」の運営側ですね。

当然のことながら、参加者の大半は男性。それも、「御前会議」的な場なので、スーツを着ている人がほとんど。こうして、序列主義と合理主義とスーツ主義によって、「会議」はいよいよ男性的になる。

ここまで読んだ多くの方は、森喜朗元首相が、東京五輪・パラリンピック大会組織委員会会長時代に放った、この発言を思い出したことでしょう——「女性がたくさん入っている会議は時間がかかる」（21年2月3日）。

同日の朝日新聞の記事によれば、彼はこうも語ったようです。「女性がたくさん入っている理事会の会議は時間がかかります」「女性っていうのは競争意識が強い。誰か1人が手をあげていうと、自分もいわなきゃいけないと思うんでしょうね。それでみんな発言されるんです」「女性の理事を増やしていく場合は、発言時間をある程度、規制をしないとなかなか終わらないので困ると言っておられた。だれが言ったとは言わないが」。

ＪＯＣの理事会の会議がどういうものか知りませんが、さすがに「ミーティング」

「打合せ」ではなく、序列主義と合理主義という「男性性」を濃厚に帯びた、ある意味、日本最高峰の「会議」のはずです。その結果、女性はつまはじきにされる。

話が長くなったので一旦締めると、これからの企業の「会議」には、「男性性」を薄めることが必要ではないかと思うのです。

具体的にはもっとフラットで、オープンで、かつ後述する自由な「放牧」の時間も組み込んだアジェンダで、さらにはお弁当ももっと薄味な。

という私の主張には、反論もあるかもしれません。例えば、トップの敏腕秘書の方々から来そうなのが――「トップが出席する会議で、女性の発言が増えて、時間が延びたらどうするんだ？ うちのトップは忙しいんだよ！」。

「ワークショップ」という大人数参加型のビジネスミーティングを仕切る「ファシリテーター」という役回りを、会社員時代に何度も担当した私としては、その反論に対する回答をいくつも持っています。

思い付くものの中で、象徴的な答えをふたつだけ挙げるとすると――ひとつは「事前にアジェンダを展開して、参加者全員のアイデアを募り、多い傾向の意見をまとめた上で会議を始めればどうでしょう？」。

そしてもうひとつ――「そもそもその会議、そんなにお忙しいトップが、無理をして出席する必要のあるものですか？」。

以降、この章では、より現場に近い視点で、「会議」ではなく「ミーティング」「打合せ」の中で、若い参加者がいかに自由闊達に意見を言うか、それを（上記「ファシリテーター」的な役回りの）中堅がどう仕切るかという話をしたいと思います。

ただ、その前に、ここで述べた「会議の男性性」というものが、本章で語るすべての論の仮想敵であるということを、確認させてください。

「概念のオバケ」との戦い方

これも一種の「男性性」の産物かもしれません。「みんなで正しい結論を見つけよう」という打合せの大前提が崩壊、参加者の中の数名が、相手に対してマウントを取るべく、つばぜり合いを繰り返し、結果、時間がどんどん延びていく打合せ。経験ありませんか？

言わば、議論のための議論。打合せが目的化した打合せ。

気を付けるべきは、そういう打合せは往々にして、議論の内容がひどく概念的、抽象的になってしまい、マウントを取ってやろうと意気込んでいる数名以外には（場合によってはその数名も）「何を議論しているか」を、理解できなくなってしまうことです。

私は、その状態を「打合せに『概念のオバケ』が現れた」と表現していました。さすがに若い頃は、心の中でつぶやく程度でしたが、歳を重ねて、ある程度の発言権を持ってからは、議論を中断させて、「今、概念のオバケ、出てないか？」と諭したものです。「概念のオバケ」、別名「抽象オバケ」。そのオバケは、議論のための議論を繰り返しているときに出現し、つばぜり合いしている参加者をけしかけ、話している内容を、さらに概念的・抽象的に昇華させ、宙に浮かせ、あげくの果て、打合せ時間を無限軌道に乗せる面倒くさいオバケ、いや妖怪です。

私は広告会社にいたものですから、キャッチコピーやスローガンの言葉尻という、もうテーマ自体が「概念のオバケ」を招きやすい打合せに参加することが多かった。長くて、うるさくて、内容が分からない、苦痛で苦痛で嫌で嫌でしょうがない打合せ。しかし私は、そんな打合せを何百回、何千回と繰り返して、「概念のオバケ」の退治法を身に付けたのです。

知りたいですか？　お教えしましょう。

まずオバケが出がちな打合せについて、以下のように仮設定します。

ある得意先に企業理念を提案したい。「先進的」と「挑戦的」という言葉が、理念ワードの候補に挙がっている。マーケティング担当の、いかにもデジタルに強そうなAさんが、こう言う。

「僕は『先進的』がいいと思うんだよ。これからはDXじゃん。デジタル・トランスフォーメーションじゃん。そんなDX時代に向けて、得意先がイノベーティブにトランスフォーメーションしていく感じを表していると思うからさ」

対して営業で、体育会系で、いかにもデジタルに弱そうなBさんがこう言う。

「いやいや、そういうことちゃうねん。今赤字に陥っているあの会社が、負けずにチャレンジするぞ、すごいことやるぞっていう『挑戦的』な感じで行くべきやと思うで」

以上、仮設定。これぞ「概念のオバケ」が打合せに出現しがちな設定です。というのは、はたから見れば「両方正解」、というか「そんなの、どっちでもいいじゃないか」と思えてくるからです。

なぜそう思わせるかというと、まず発言内容が抽象的で、また、共通のルールに則っていないから噛み合っていない。だから、このまま放っておくと、「概念のオバケ」が出現し、打合せは深夜に至ってしまいます。

それでも、結論は出さなきゃいけないし、やっぱり、ある程度は客観的な議論をした上で、「先進的」と「挑戦的」、どちらのワードの方がベターかについて、確信を持たなければならない。ではどう議論を進めるべきか。そのためにあなたは何をするべきか。

知りたいですか？　お教えしましょう。

その結論は明快で、議論を「具体」に引きずり落とすのです。この「引きずり落とす」という表現には、私の長年の実感がこもっています。「概念のオバケ」の仕業で宙に浮いている議論に「具体」というヒモを付けて、下にずるずると引きずり落とすという感じ。

「具体」とは「具体物」。つまり、「概念のオバケ」への対抗策は、「具体物」へのアナロジー（比喩）に尽きます。

例えば、さっきの議論を野球（それも野球に詳しくない参加者でも分かるレベル、23年バージョン）で喩えながら仕切るとすれば、

「あ、Aさんの言っている『先進的』はつまり、最新の変化球をがんがん取り入れて、10種類くらいの球種を使い分けるダルビッシュで、Bさんの『挑戦的』は、そもそもピ

ッチャーとバッターの二刀流という、前人未到のアイデアを実行した大谷翔平ということですよね？」

数字を使うのは、より分かりやすい。特に「0を1に↕1を100に」「マイナスからゼロに↕ゼロからプラスに」という言い回しなどは、とても明快で、効果も高い。

「あ、Aさんの言っている『先進的』は、1から2に10に100に進んでいくということで、Bさんの『挑戦的』は、0を1にする、無を有にするということですよね？」

さらには感覚的に全員がピンとくる、形容詞や色とかも有効です。

「あ、Aさんの言っている『先進的』は、色で言えば、デジタル業界で重宝される明るい水色、ライトブルーって感じ？　Bさんの『挑戦的』は、メラメラ燃える真っ赤っ赤って感じ？」（これは自分で決め付けず、色のイメージを参加者から募ってもいい）

まぁ、どんなアナロジーを用いるべきかは、時と場合によるのですが、いずれにせよ、「先進的」対「挑戦的」という、どうとでも言える概念的な議論ではなく、「ダルビッシュ、1を100に、ライトブルー」対「大谷翔平、0を1に、真っ赤っ赤」と、あるルールに則った「具体」の対比の方が、だんぜん議論しやすいと思いませんか。

だから、長い打合せに参加している人、とりわけ歳を重ねたあなたは、「概念のオバケ」を「具体」に引きずり落とすことが必要だと思うのです。

ハッキリと発言するために

打合せにおける意見は、極力、ハッキリと明快に言い切るべきだと思います。当たり前ですね。でも、この当たり前のことをあらためて言いたくなるのは、会社の打合せにおいて、そういうことが全然当たり前になっていないからです。

みなさんにもこんな経験ありませんか？　私には山ほどあるのです。発言をしている最中に、打合せに参加している面々の顔が、私の発言に乗ってこない。ポカンとしている。そして打合せのキーパーソンであるオヤジの表情が露骨に曇ってきている。どうしよう？

結果、モゴモゴ言いながら、自分の意見をごまかして、ふわっと着地。結局、私が何を言いたかったかが誰にも分からず、むしろ前項の「概念のオバケ」を呼び寄せてしまうという、とっても残念な経験。

もっとも頻繁で、もっと悪質なのが、「打合せに参加した感」を演出したいだけの人が、そもそもハッキリとした意見を言うつもりがないまま、確信犯的にモゴモゴとよく分からない発言をすることです。まったくもって時間の無駄といえます。

こういう背景があって、先に書いた「打合せにおける意見は、極力、ハッキリと明快に」という原則論を強調したくなるのですが、ただ、このような「物事をハッキリ断言したくない」という空気は、打合せを超えて、今やこの国全体を支配しているといっても、過言ではありません。

「はい、こちらが注文されたチキンカレーになります」

ファミレスでよく聞く言い回し。これ、単なる流行の言葉遣いというよりも、「こちらが注文されたチキンカレーです！」と断言するのを億劫に思う心理が多分に働いた結果の産物だと、私は感じます。

「注文は以上でよろしかったでしょうか？」

という言葉を、先のファミレスの店員は継ぎ足すことでしょう。「他に注文はありますか？」でいいところを、あえて過去形にすることで、切っ先を弱めて、ふわっと着地させる。こういうのを聞くと、

「これがチキンカレーになるんか？　ほな今はチキンカレーのサナギか？」

「注文は以上でよろしくなかったけど、過去のことは振り返らん主義やからもうええ

わ」

などのクレーマー的な返しをしたくなります（しませんが）。

そして、こういう「物事をハッキリ断言したくない空気」を助長させているのは、（本来なら「ハッキリ断言大会」であるべき）国会ですね。

安倍晋三「私や妻が関係していたということになれば、まさに私は、それはもう間違いなく総理大臣も国会議員もやめるということははっきりと申し上げておきたい」（17年2月17日）

断言するとすれば「私や妻が関係していたならば、総理大臣も国会議員もやめる！」で十分ですよね。あと「申し上げておきたい」で終わっていますが、ここも深読みすれば「申し上げておきたい、と思っているけど、思っているだけで、本当は申し上げないよ」という婉曲表現のように感じられます。さらにもうひとつ。

麻生太郎「誤解を招くような発言だったとして撤回をさせていただきます。また、そういった意味で、不快に思われたという方がいらっしゃるというんであれば、その点に関しておわびを申し上げます」（19年2月5日）

「子どもを産まなかった方が問題だ」という自身の発言に対する答弁。普通にハッキリ言うならば「撤回させていただく。おわびを申し上げる」という核心の部分だけでいい。しかしこちらも「誤解を招くような発言だったとして」「不快に思われたという方がいらっしゃるというんであれば」という但し書きを付けて、核心のニュアンスを弱める。「誤解を招くような」（＝私の本心は「子どもを産まなかった方が問題だ」じゃなかったよ）と「不快に思われたという方がいらっしゃるというんであれば」（＝そんな方以外にはおわびしないよ）という煙幕で、読後感を不鮮明にする。

と、話が大きくなってきましたが、とにかく私たちは「ハッキリ断言しない国、ニッポン」に住んでいます。ということは打合せも「物事をハッキリ断言したくない空気」に包まれて当然なのです。

で、対策なのですが、すいません、あまり冴えた方法はありません。唯一あるとすれば、「物事をハッキリ断言したくない空気」に沿うように、発言の冒頭だけを工夫することぐらいでしょうか。

・「あのぅ、ちょっと考えてきたんですけど……」
・「ちなみに、ですが……」
・「参考までに……」
・「思い付きですけど……」
・「ジャストアイデアなんですけど……」
・「逆に言えば……」

などとへりくだって、「ふわっと着地」ではなく「ふわっと離陸」して、少しでも発言しやすい空気を作った後で、堂々と自分の意見を述べる。対策はこれくらいかしら。

ちなみに「ジャストアイデア」は「思い付き」という意味の広告業界用語。この「造語感」がたまりません。あと「逆に言えば……」という逆張りは、先の並びの中では異質なのですが、この入り方で本当に「逆」のことを言う人は少なく、つまり逆張りを思わせながら、順目の意見でみんなを安心させるという、かなり高度な手法です。

　というわけで、やはり大切なのは「自分の意見をハッキリと言い切ってやる。それが俺の存在意義だ。生存確認だ」という一種の精神論です。しょせん精神論なのですが、打合せ文化、ひいては日本という国に決定的に欠けている精神ですから、強調したくなるのです、とりわけ若者に対して。

　これも広告業界用語で、かつ尾籠《びろう》ではばかられるのですが、「自分の意見をハッキリと言い切ってやる」という気概を、よく「パンツを脱ぐ」と表現しました。それくらい、恥じらいを捨てて向かっていけという忠告です。

「あのぅ、ちょっと考えてきたんですけど……●●●ってどうでしょう？」と、丁寧な口調で意見を述べた後、心の中で「どうだ、すんごいだろ、このアイデア、時代動かしちゃうよ」とつぶやく。それくらいの気概で。

「打合せは、自尊心ミニマム、自己顕示欲マックスで臨むもの」——になります。で、よろしかったでしょうか？

ですよね力

　というわけで、会社の打合せの地獄絵図があらためて確認されました。上の人間はマウントを取り合い、結果、「概念のオバケ」を呼び寄せがち。下の人間はオドオドしながら、自尊心に負けて、訳の分からないことを言いがち。

何とかしたいのです。ここで上でも下でもないミドルの登場です。そして、私がミドルに託したいのは「ですよね力」です。打合せで、絶妙なタイミングで「ですよね」を言う力。

「ですよね」――つまり肯定です。相手の意見を傾聴し、素直に肯定し、そしてさらに議論を建設的に盛り上げる魔法の4文字。

私の経験では、発音の仕方も大事です。「ですよねー」。アクセントはIKKOの「どんだけ〜」や、はるな愛の「言うよね〜」に近く。つまり「ねー」にアクセントを。あと、目をギュッと閉じながら、噛みしめるように言うと効果絶大（ただしやり過ぎに注意）。

打合せの参加者も人の子です。自分の意見に「ですよねー」と言われると、うれしくないはずがない。だから、もし（ある程度）賛同できる意見であれば、「ですよねー」を使って、強く・熱く肯定してあげる。

で、重要なのはここからです。「ですよねー」に続けて、その意見を発展させ、議論を建設的にするのです。

発展させる方法はいくつかあります。まずは「具体化」――「ですよねー。で、それを具体的に言えば」。

「『挑戦的』。ですよねー。で、それを具体的に言えば、色は真っ赤っ赤で、コピーは筆文字で、ＣＭには大谷翔平が出演する、みたいな感じですかね」

繰り返しになりますが、「概念のオバケ」への対抗策は、議論を「具体」に引きずり落とすことです。ちょっと目を離すと、「概念のオバケ」はどこからともなく現れます。現れる前に、いい意見はどんどん「具体化」して、解像度を上げておくことが大事です。

次に「止揚《しよう》」――「ですよねー。で、それにあれを加えれば」。

これはやや高度です。高度な分、言葉からしてもとっつきにくいですね。「止揚」。弁証法でいう「アウフヘーベン」。対立する意見をぶつけあって、一段上のレベルに持ち上げること。

「『挑戦的』。ですよねー。で、それにさっきの『先進的』という意見に含まれている『時代を動かす』という要素は、よく考えたら、加えることが出来ますよね」

議論の対立によって、打合せの場ではギスギスしがちですが、多くの場合、冷静に見ると、似たことを言っている場合がとても多い。だから「ですよねー」の力を借りながら、近似点と相違点を峻別して、近似点をとりまとめていくのも、ミドルに求められる「ですよね力」ということです。

最後にいちばん高度な「逆接」――「ですよねー。でもですね」。

打合せがまだ熟していない段階では、賛同・肯定できると思った意見も、まだまだ足腰が弱いものです。タイミングを見て、ですが、あえて逆張りすることで、意見の足腰を鍛えることも必要になります。

「『挑戦的』。ですよねー。でも、すいません。競合のA社も近いこと言ってませんか？」

正直、場は少し冷えます。でも、ここからが、本来の打合せなのです。いい意見を、もっといい筋肉質な意見にする。そのために「逆接」を怖れず、むしろ触媒として、議論をより正解に近付けていく。

そして、「違《ち》げぇよ」ではなく「ですよねー」から入ることが、そんな高度な打合せに一歩近づくための鍵なのです。

というわけで、「ですよねー」と、目をギュッと閉じながら、噛みしめるように言いましょう。日本の打合せに必要なのは「ですよね力」です。これが欠けたままだと打合せは、いや日本はもう、おしまいDEATH、よね?

打合せの神様

「小僧の神様」でも「ロマンスの神様」でもありません。「打合せの神様」がいるのです。この国には。実は私も、何度も会ったことがあります。

参加者が全員、フラットな立ち位置で、相手の意見を傾聴する姿勢を持ち、適度な雑談を交えた軽快な雰囲気の中、話がどんどん建設されていく感じ。そして60分くらいでお開きみたいな。

そんな、「自分は今、いい打合せに出ているぞ」という実感が湧いてくるような打合せ。さすがに年に数回ぐらいしかありませんが、そんな打合せに出ているときは、心の底から幸福な気持ちになります。

そんな打合せには「打合せの神様」が降臨しているのです。先に述べたように、打合せという場、つまり会議室には、「概念のオバケ」も時折出現しますが、悪いときばかりじゃない。神様も訪れたりするのです。

「打合せの神様」が降臨したら――そんなときは1分1秒でも長くい続けてくれるように、いい感じの話のパス回しを、自分から率先して心掛けることです。

さて、退職してからの私は、「打合せの神様」が降臨した楽しい打合せのことを、懐かしく思い出すことが多くなりました。

フリーランスの著述業なんてやっていると、5人以上の打合せの機会なんて、ガクッと減ります。必然的に「打合せの神様」と会うことも減る。心の中では、もう一生、会えないのではないかとさえ思っています。

だから、現役会社員には、「打合せの神様」が降臨する楽しい打合せを満喫してほしい。いい打合せをして、いい仕事につなげてほしいと、心から思います。

あと、逆に「概念のオバケ」がずっと佇んでいるような、長時間の不毛な打合せも、たまに思い出します。今から考えると、何であんなマウント合戦、つばぜりあいに必死になっていたのだろうと恥ずかしく思います。

退職したら、会社員時代の同僚の名前や、部署・部門名など、どんどん忘れていきます。自分でも驚くほどです。率直に言えば、利害関係が消えてしまえば、忘れても何ら問題がない事柄だったからでしょう。

と考えれば、たった1回の打合せでマウントが取れたかどうかなんて、本当にちっぽけなことだと思うのです。いやぁ、小せぇ、小せぇ。なぜ彼らは、私は、あんなにまなじり決して、相手を論破しようと強弁していたのだろう。今から考えると、心の底から不思議です。

この章を締めるにあたって言いたいことはただひとつ――「いい打合せをしよう」ということです。いい打合せが、いい仕事、いい会社、そしていい人生につながると本気で思います。

そのときのパートナーが「打合せの神様」、そして、神様を呼び寄せる呪文が「ですよねー」なのです。

第八章　プレゼン論——業務の中でいちばん人間臭い行いとして

うまいプレゼンとは

いつ頃からでしょうか。人々が思う「プレゼン（テーション）」の像が均一になってきたのは。

インテリジェントビルの大会議室（カンファレンスルームとでも言い換えましょう）。壁に据え付けられた大画面。投影されるのは、接続されたノートＰＣからのパワポ（パワーポイント）画面。スライドは派手派手しく色付けられ、グラフはアニメ化され、棒グラフはニョキニョキと伸び、途中からは音や映像が流れ出す。

画面に向かって右側に立つのがスーツ姿のプレゼンター。彼（彼女）の目の前には、巨大な楕円形のテーブル。プレゼンする側の会社と、される側の会社が向き合っている。

「それでは、我が社が考える、今回の事業の戦略について、ご説明します」

「プレゼン」像が、こんな、ドラマでよく見るようなものになったのは、ここ10年くらいでしょうか。やはりパワポがプレゼンソフトの標準となったことが大きいと思います。広告業界を超えて、今あらゆる業種において、先に書いたようなプレゼンのあり方が、完全に定着しました。

また昔話をすれば、私が入社した頃は基本、紙の企画書でプレゼンしていました。インテリジェント複合機など無かったので、例えば１００ページの企画書を30部だったら、1ページずつ30枚、ロの字型のテーブルに置いて、みんなでぐるぐる回りながら、1冊ずつ綴じ込んで製本したものです。たまに綴じ間違えて、いきなり最終ページから始まったりして（「この結論の背景には次のページが」と、逆順で見事に説明しきったプレゼンターは伝説となりました）。

そう言えばＯＨＰというのもありました。「オーバーヘッド・プロジェクター」。企画書を透明のフィルムに印刷して、1枚1枚ＯＨＰの機材に置いてプレゼンをする。こちらも、コピー機の中にフィルムが詰まったり、またプレゼン中、上下逆さまに置いてしまったりと、まぁとにかく、90年代のプレゼンはコントのような感じでした。

それが現在のプレゼンスタイルに、どんどん洗練され、そして一般化されていったことで、「プレゼン論」とでも言うべきものも熟していきました。「いいプレゼン論」「勝つためのプレゼン論」的な本なんかもたくさん出ていますね。

これが怪しいのです。

会議室、いやカンファレンスルームに背筋を伸ばして、自信満々にそそり立ち、立て板に水、淀みのないトーク。聞く側の面々をまんべんなく見つめながら、それでもキーパーソンには熱い目線を送り、プレゼン後の質問には、完璧に受け答え、場合によっては完全に論破する――。

うん、書いていて、やっぱり怪しい。

プレゼン、ひいてはビジネス全般の根っこには欧米文化があるので、いわゆる「いいプレゼン論」も欧米式というか、狩猟民族的というか、とにかく相手を完全に洗脳して、徹底的に打ち負かすようなものが多いような気がします。

でも、プレゼンの目的は何かと考えたら、相手に分かってもらうことです。洗脳ではなく説得、さらには「納得」してもらうこと。ということは、納得をゴールにした合目的的な組み立てにするべきで、逆に言えば、納得に関係のない要素は基本、省いていい。

時と場合によるものの、とりわけ（外資系ではない）日本企業に対する日本企業からのプレゼンならば、まるでアメリカ人のビジネスエグゼクティブ（よく知りませんが）のように芝居がかったプレゼンは、それほど有効ではない気がします。

特に立て板に水のトーク。プレゼンというものは、スピーディに鮮やかに話さなければならない――なんて、本当かしら。

話し方が流暢になり過ぎればなり過ぎるほど、平たく言えば「怪しく」なってくるんですよね。まるで何か怪しい宗教の勧誘みたいに。

かくいう私も、若い頃は、とにかく流暢に、流れるようなトークを心掛けていました。「母語」の大阪弁を押し殺し、頭の中に久米宏や古舘伊知郎を浮かべながら、流れるように流れるように。で、流れたらうれしくて、言葉に詰まったら悔しくてを繰り返す――。

でも、流れるか詰まるかなんて、よく考えたら聞き手にとっては関係のないことです。大切なことは相手が理解するかどうか。つまり我々が追求していた「うまいプレゼン」なんて、どれほど重要なのだろうと、思い始めたのです。

40代になった頃、得意先のワークショップに参加して、いくつかに分かれたチームの代表として、そのチームで考えた内容を説明しました。

我ながら、淀みなくスイスイと説明したのです。チームで考えた内容が、それほど複雑でなかったこともあるのですが。そのときです。後ろで見ていた得意先の役員がツカツカっと私のところに寄ってきて、こう言ったのです。

「いやー。鈴木くんは話がうまいねぇ。立て板に水のようにしゃべるねぇ。みんな、こういう広告マンに騙されちゃいけないよ」

一同大爆笑。私もその場は笑ってごまかしたのですが、かなり本質的なところを突かれている気がしたのです。そしてこのときの経験は、私なりの「プレゼン論」、ひいては「プレゼン哲学」を、一から組み立て直すキッカケにもなりました。

プレゼンはリズムだ

というわけで、いわゆる「うまいプレゼン」像——自信満々、立て板に水のプレゼン——に縛られなくていいという話をしました。

では、私が考える「うまいプレゼン」とは何なのか（注：ここからの話は、私のような早口で神経質で、テンション上がりがちな人向けかもしれません）。

いや「うまい」かどうかは別として、たぶん何千回とプレゼンをしてきた私が、自身の経験則からいちばん重要と思うのはリズムですね。テンポ。

・重要なパートの前、もしくは途中で空白（休符）をはさむ。
・些末なパートは速く、重要なパートはゆっくり。

併せて、声のボリュームの問題。

・音量の大小を付ける。ただ、重要なパートを大きくするとは限らず、逆に、小さくすることで注目させる方法もある。

私が心掛けてきたのは、これくらいのシンプルな法則でした。「些末なパートは速く、重要なパートはゆっくり」は、逆で考えている人が多いような気がします。重要なパートは、当然話し手も盛り上がる。そして話し手は「聞き手も盛り上がっているだろう」と勝手に解釈する。そこで、ロックコンサートのクライマックスのように、速いリズムで、ドンドンドンとまくしたてる人が多い。

　これも、時と場合によるのでしょうが、重要なパートって、ビジネスのプレゼンの場合、大体が複雑な内容になっています。コンセプトやら戦略やら、一言では言えない曖昧模糊な内容。つまりは、急いで話したら、聞き手がぜんぜん理解できないような、こってりとした内容。

　あと、かなり重要な事実として、話し手は、その複雑な内容を、準備段階で完璧に理解しているのですが、聞き手は「ぜんぜん理解できないような内容」を、そのとき初めて聞くのですよ。

　ということは、「自分が盛り上がってきた」という手前勝手な理由で、早口にならない方がいいに決まってます。逆に、盛り上がってきたときこそ、ゆっくりと話す方が、打率が高まるのです。

プレゼンは休み休み言う

　次に空白（休符）の活用。

　先の「立て板に水プレゼン」への強迫観念がある人は、プレゼン中に空白があることを嫌います。とにかく穴を作らず、びっちり言葉が詰まったプレゼンをしなければならないという（謎の）ルールを設定します。

そんな人には、ぜひ、その勝手なルールを撤廃して、プレゼンの最中、特に重要なパートの前や中ほどで、思い切って一瞬、黙ってみることをおすすめします。驚くほどに、聞き手の注目を集められますから。

これ、聞き手が不安になるからだと思うのです。極論すれば「あ、プレゼンターに何かのトラブルが起きたんじゃないか？　身体の調子が悪いんじゃないか？」と思う。だから注目する。そこで、重要なパートを嚙んで含めるように、ゆっくり話す。

大学の非常勤講師を長くやりましたが、空白の効果は絶大でした。授業が始まる瞬間、こちらが軽く挨拶をする。学生がまだワチャワチャしている。そこで、長い空白を作る。10秒くらい。学生は一気に静まり返ります。嘘のような本当の話。

次の声のボリュームの問題については、先のリズムの話と共通します。重要なパートは大声で、というのは、ある意味自然だと思うのですが、逆に、ささやかれると、内緒の素敵な話、ここだけの秘密な話に思えて、思わず耳をそばだててしまう。そんな後者の魔力＝「ささやき戦術」も使わない手はありません。

以上、「シンプルな法則」と言いながら、3点もあるので、プレゼン慣れしていない若い方などは、この3点に慣れるのにも時間がかかるかもしれません。そんな方は、たった1点だけ心掛けてください――「迷ったら、リズムはゆっくり」。まずはこれくらいから。

よくある「プレゼン論」では、「英語は強弱アクセントだが、日本語は高低アクセントで……」みたいな話になるのですが、私の経験からは、プレゼンで「音の高低」を意識したことは、ただの一度もありません。まったく平板に話しているわけではないのでしょうが、それよりもリズムです。というか、リズムが高低をも支配しているような気すらするのです。

すべては「納得」のために

ここで、私がプレゼンに意識的になった経緯をお話ししたいと思います。

90年代の広告会社におけるマーケティングという職種は、広告企画に正当性を与える役割を負っていました。ざっくり言えば、「このコピー、このタレントでいいんですよ」と太鼓判を押す仕事。

正当性を立証するために必要となるのがデータ。なので、プレゼンにおいて、大体が冒頭に置かれるマーケのパートは、数字やグラフが出てきたりして、何とも理屈っぽく、要するにつまらない。

マーケの後には、コピーやらタレントやら、絵コンテやらを、若干芝居がかった感じで、楽しげに話す制作陣が控えている。聞き手の得意先も、正直それを楽しみに待っているふしもある。つまりマーケは制作陣の「前説」みたいな位置付けだったのです。

ひどいときには、マーケの後にプレゼンする制作の重鎮が「えーと、マーケが何か難しい話をしましたが、あんな話は忘れていただいて、今回は、いいタレントをツモりまして……」などと話し出して、またそれが結構ウケてたりする。

と、そんなぞんざいな扱われ方に対して、一部の自尊心の強いマーケの先輩は、過剰にロジカルでアカデミックなプレゼンで抗いました。要するに、これでもか、これでもかと複雑怪奇な分析を重ね、統計や経営の専門用語を駆使して、聞き手が分かろうが分かるまいが、徹底的に理詰めで話すことで、自尊心と存在感を確保しようとしたのです。

しかし、新人時代に、そんな先輩を見た私は「ちょっとイタいな」と思ったのです。しょせんは「広告会社のマーケ」じゃないか。理詰めでまくしたてたとしても、最終的には「今回のコピーは『野菜を、たっぷり。』で、タレントはまさに野菜の健康性を体現した、元気はつらつな●山●子ちゃんで……」みたいな話に帰結するんだから、まずは分かりやすく、ついでにちょっと楽しくなくっちゃと考え直したのです。

特に分かりやすさ。専門用語で聞き手を煙に巻くのではなく、徹底的に理解してもらう。説得するのではなく、納得してもらうこと。極論すれば、私のプレゼン人生は、それだけを追求してきたようなものです。

「ステレオ・プレゼン」

さて、一般に「プレゼンでは企画書を棒読みするな」と言われます。投影されているパワポに載せられた文字を棒読みするプレゼンはダメだと。

はい、もちろんダメです。なぜか。

もったいないからです。投影された文字（視覚）と、それを説明する声（音声）、この2つのメディアをプレゼンターは駆使するのです。ということは、棒読みすると、プレゼンが「モノラル」になってしまう。「ステレオ」にした方が、絶対に伝わりやすい。

では、パワポの文字情報を、音声ではどう転換するべきか。ここで出てくるのが、

「連絡論」で出てきた「大和言葉」です。

パワポは広い意味でのビジネス文書なので、「企画書論」の章で書いたように「熟語」と「体言止め」が多くなる。つまりはカクカクしたお堅い文面になる。それを音声で「大和言葉」に分解して、直感的に分かりやすくするイメージです。

・認知者→知っている人
・理解率→分かっている人の割合
・戦略→戦い方の大きな方向性
・戦術→戦い方の具体的なやり方
・マーケティング→売るための仕組み作り
・コンセプト→売るための方針を一言で言い切った言葉
・ブランド→のれん

こんな感じです。まぁ、ここにあるような用語はすでに一般化しているので「大和言葉」にしなくてもいいかもしれませんが、でもこれくらいの気持ちで、パワポの言葉を分解すれば、あなたのプレゼンは、とても分かりやすくなるはずです（「第六章　企画書論」に出てきた「33％→約3人に1人」の変換も、同一思想の下にあります）。

言い換えれば、つまり「企画書論」に出てきたあのフレーズを逆転換するということですね。

「スージー鈴木の認知率は全体では7％と有名人水準には未達。しかし50代に限定すれば33％と高水準。同層への強い訴求力を持つ可能性」

と、パワポに書いてあるとして、音声（言葉）では、こう話す。

「スージー鈴木を知っている人の割合は、残念ながら、20代から50代の男性女性全体では、たった7％という結果で、さすがに有名人というには忍びないレベルなのですが、50代だけに限れば、何と33％にまで高まり、50代狙いの広告展開なら、起用してみてもいいかもしれません」

ぜひ一度試してみてください。聞き手の表情はがらりと変わることうけあいです。では最後に宿題です。以下の言葉を「大和言葉」にしてみてください。

・ＰＤＣＡ

・リスキリング
・デジタル・トランスフォーメーション

緊張をどうクリアするか

一般的に、プレゼンにおけるいちばんの問題は「緊張」ではないでしょうか。

実は私、プレゼンで緊張したことなど、ほとんどなかったのです。元来しゃべり好きだったこともあり、どちらかと言えば、得意な方だと思っていました。

結果、「立て板に水」のプレゼンを志向し過ぎて、先に書いたように、得意先の役員に警告されたりするのですが。

その頃は、プレゼンのリハーサルなんて全然しなかったのです。説明する資料の多くは自分で書いているので、内容は大体頭に入っているし、今から考えると不遜この上ないのですが、「リハーサルなしのぶっつけで、アドリブを交えながら、見事にプレゼンしている俺って、すごい」みたいなうぬぼれも、正直ありました。

しかし、40歳を超える頃から、プレゼンで時々「つっかえる」ようになったのです。「つっかえる」というのは妙な表現かもしれませんが、まさにそんな感じで、しゃべっているうちに息が上がったようになって、言葉がスムーズに出なくなるのです。

もしかしたら、これは「緊張」とは異なる現象かもしれません。これまで脳と身体の若さで可能にしていた「ぶっつけアドリブ・プレゼン」が、老化が進んだ脳と身体では、処理できなくなったということなのかもしれません。

いずれにせよ、それからは人並みにリハーサルすることにしました。

とはいえ、プレゼンのリハーサルは、どこかかったるい。そこで、のんべんだらりではなく、力点を置くべきポイントをお知らせしておくと、それは——冒頭です。

経験がある方も多いと思うのですが、プレゼンは、冒頭、とっかかりさえうまく行けば、あとは流れに乗って何とかなるもの。逆に、冒頭につまずいてしまうと、立ち上がって歩き出すのに、時間がかかってしまう。

なので、最初の数ページだけを、念入りにリハーサルしておくこと。これが効率的なリハーサルになるのです。

私のリハーサルの方法としては、一応、全体を軽くリハーサルする。手元に資料を出力した紙を置き（細かいですが、A４・１枚に６〜９スライドという形式）、大和言葉への言い換えや、スライドチェンジのときの接続詞（「だから」とか「しかし」など）をメモしていく。

加えて、冒頭だけを念入りにリハーサルする。メモを見なくても話せるくらいになるほどに。

そして本番は、冒頭からいい感じで話し始めて、気が付いたら冒頭だけでなく最後まで、用意したメモも一切見ないで――つまりはリハーサルによって刷り込まれた「脳内メモ」に沿って――自然に話し切るというのが、私の理想のプレゼンですね。

もしかしたら、若い頃にブイブイ言わせていた「プレゼンの達人」でも、いずれその多くが、緊張に支配される日が来るのかもしれません。逆に言えば、プレゼンでまったく緊張しないという人は、一時期の私のように、プレゼンという行いに鈍感なだけかもしれない。

白状すれば、プレゼンにつっかえ始めた頃、私はかなりショックを受けました。それでも、いろいろ調べてみると、多くの「しゃべりの達人」が、年を取っても(取ったからこそ)緊張しているという事実を知り、少し安心したのです。

スポニチアネックスの記事から(20年7月9日)、爆笑問題・太田光が語る舞台本番前のビートたけしについて。

たけしは爆笑問題のライブにも2度、出演したことがあるといい、太田は当時の様子を振り返った。軽いあいさつを交わした後、たけしは本番直前まで楽屋から出て来なかったという。「そのまま楽屋に閉じこもったまま、一切出て来なかった。後でマネジャーに聞いたら、楽屋のトイレに入ったまま、本番前まで1回も出て来なかったって。誰にも会わないところで、ガッチガチに緊張してた」。

あのビートたけしですら緊張するのですから、我々は緊張して当然なのです。

AIはプレゼンが出来るか

「多くの仕事がAIに取って代わられる」という言説が流行っています。事実なのでしょう。では、ここまで話してきたプレゼンという行いも、果たしてAIに託されることになるのか。

AIの世界に関してはまったく専門外なので断言は出来ないのですが、何となく、これからも残っていくのではないかと直感するのです。

実は、広告業界でも、資料の提出だけをもって提案とすることがあります。いわゆる「入札」と言われるもので、お役所の仕事で多い形式なのですが、提出期限や、資料の体裁、場合によってはページ数や構成まで指定され、ルールに則った資料を提出して中締めとなる。

「中締め」と書いたのは、それでも提出後にプレゼンを求められることが多いからです。資料によって「一次予選」を勝ち抜いた会社、もしくは全社が呼ばれ、口頭でのプレゼンと質問対応を求められることが非常に多い。やはり資料だけでは限界があるのでしょう。特に広告業界のような、設計図や計算表だけで表すことの出来ないアイデアが求められている業種においては。

ＡＩに象徴されるような、産業全体のデジタル化の中で、プレゼンという行いが、もしかしたら人間としての最後の砦になるかもしれない――。

私が言いたいのは、いよいよシステム化されていく仕事の中で、ヒューマンな一工程としてのプレゼン、とびっきり人間臭い味わいを与えるプレゼンというものを、もっと楽しもうじゃないかということです。

ここまで書いたようにプレゼンとは、パワポに載せられた熟語を読み替えたり、つい早口になってしまったり、時には緊張したり――人間さまが四苦八苦しながら、それでもとにかく相手に理解してもらおうと、必死になってがんばること。

それはもちろんAIには出来ないし（出来なさそうだし）、あと何といっても、あなたのプレゼンは、あなた以外の人と決して同じにはならない。

先に述べたように、広告会社のプレゼンにおいて、マーケの順番は冒頭です。プレゼン会場となった大きな会議室は、まだ緊張感で静まり返っている。

「このたび、このような御社の未来が託されたプレゼンにお呼びいただいて、心より感謝します」など、営業部長がうやうやしく挨拶をする。「それでは基本的な考え方について、マーケの鈴木の方から……」と紹介される。

「俺が話すのは『考え方』ではなく、俺が歯を食いしばって、どうにかこうにか紡ぎ出した、冴えに冴えた『考え』なんだよ」などと心で思いながら、そんな思いはおくびにも出さず、背筋を伸ばして、ぐるっと目線を動かして、それでも、さらに余計なことを考えたりする。

「このまま、俺が黙り続けていたら、この場はどうなるだろう？」

しかし意を決して話し始める。入念にリハーサルされた冒頭のページを、ゆっくりと語りだす。そして、ビジネスという大きな車輪が、ぐーんぐーんと音を立てて、ゆっくりゆっくりと動き出す――。

そんなとき、私はよく思ったものです。南沙織『17才』（71年）の中にあるあのフレーズを、本当に。本当ですよ。笑わないでくださいね。

――私は今、生きている！

と、後輩たちにプレゼンの楽しみをしっかりプレゼンできたかなと思いつつ、最後ちょっと大人気なく盛り上がり過ぎたかもしれないので、最後にまたまた余談を。

「プレゼンあるある」の真骨頂は、プレゼンの最中における機材トラブルです。とりわけ大々的な「競合プレゼン」（あるテーマの広告担当権を、提案内容で複数社が競う）においても、よくよく発生します。

私が、さぁ話そうかと思ったときに、プロジェクターがトラブって、画面は真っ白。得意先は興ざめ、営業部長は激怒、冷や汗をかいた若手が機材を必死に修復しようとするのですが、それでも何ともいえない寒い空気が流れたまま。

こういうときは機転の利《き》くプレゼンターが、何か言って場を和ませるのがいちばんです。私が何十回と使ったのは「謎掛け」です。

「ちょっとまだ時間がかかりそうなので、ここで謎掛けを一席。今回の我々のご提案とかけまして、登山とときます。その心は――いただきに上がりました」（広告担当権を「戴き」と山の「頂」）

と、こんな謎掛けで拍手（や失笑）をもらったり――うん、やっぱりプレゼンはヒューマンで人間臭くて、楽しいや。

第九章　退職論――「何度でも退職したい！」と思うために

幸福な退職

本書のトリを飾るのは「退職論」です。長年勤め上げてきた会社を辞めるのです。人生の大変化。ぜひ慎重にお考えください。

かくいう私が退職したのは2021年の11月末日でした。ちょうど満55歳になったタイミング。詳述は避けますが、博報堂では、俗にいう「早期退職」のような制度が、満55歳で適用されることになっていたので、要するに適用年齢になってすぐに辞めたのです。

このタイミングは、今から振り返って早かったのか遅かったのか、正直判断しかねるところです。最近ラジオで喋っていて、たまに言葉が出てこなくなることを考えれば、せめて10年早く辞めていれば、もっとペラペラ喋れたのになどと思ったりもしますが、会社の仕事がまだまだ楽しかった10年前の自分に、辞めるという選択肢はなかったような気もします。

つまりは楽しい会社人生でした。正直恵まれていたと、つくづく思います。

しかし、それでも、「あぁ、あのとき決断しておいてよかった」とも思うのです。音楽本ならともかく、本書のように会社員時代を客観視した本を書くことなんて、さすがに現役会社員じゃ無理ですからね。

さて、この本においての退職は、私のように、何か好きなことをやる、趣味の延長で食っていくための退職と定義したいと思います。別に執筆などの表現活動だけではなく、例えばカフェを開くとか、地域の活動に従事するとか、それが趣味として位置付けられるのなら、この本でいうところの退職目的に入ります。

逆に、普通の転職とか、マンション経営するとかのビジネス臭い退職は、私が意見できない世界なので、スコープから外させてください。

言いたいことは、「一度きりの人生、最後は趣味で食っていきましょうよ！」ということです。それこそが私の考える「幸福な退職」なのです。

というわけで、退職の前に、つまり会社員でいるうちに、何か、そんな趣味の活動に本腰を入れておくことを強くおすすめします。辞めてからでは多分、遅過ぎます。

会社員でありながら、別の仕事をやること、特に私のように、何か書いたりとか、メディアに出たりすることを、昔は俗に「内職」と言いました。メディア業界や広告業界では、言葉をひっくり返して「ショクナイ」とも言われましたね。

意味するところは副業、それも「本業」である会社に対して、見つからないように隠れてこそこそやるべきアルバイトみたいな意味です。つまりは暗くてネガティブなイメージが付いていた言葉。

最近では「副業」を解禁する会社が多いようですが、それでも「本業」に比べて、どこか後ろめたい感じは、令和の今も残っているのではないでしょうか。

私が思うのは、「本業」に加えて、趣味についての見識や実力が世の中に認められていて、ある程度の収入や人脈、知名度のある人の方が、「本業」でも活躍できるんじゃないかということです。

広告会社で考えますね。もし私が得意先だったとしたら、趣味どころか家族も顧みず、会社に滅私奉公している人よりも、見識や実力を持った趣味人に自社を担当してほしいと思います。そういう人の方が、大げさに言えば自社の利益に資する感じがするし、そこまで行かなくても、そんな人と仕事する方が、何だか楽しそうじゃないですか。

なので、最終的に辞めるかどうかは別として、会社員でも、いや会社員こそが、趣味的な何かを始めるべきなのです。少なくとも私は、そう考えてきました。

3つのとっかかり

では、何から始めるか。ここからは私の経験に沿って、3つの「とっかかり」をご紹介したいと思います。

まずは名刺作りです。先に書いた「2枚目の名刺」論ですね。会社の名刺に加えて、もう1つ、オリジナルの名刺を作っちゃいましょう。今では、ネットで、いい感じの名刺が簡単に即座に作れます。

名刺作りに向けて、まず芸名を考えましょう。これから第二の人生を託す大事な大事な「ブランド名」です。もちろん本名でも構いません。私の場合は、大学時代から使っていた「スージー鈴木」という知性もクソもない同語反復の芸名を変える機会をつかみそこねたまま、ズルズル来てしまいましたが、何かもっとシュッとした芸名にするべきだったと、ちょっとだけ後悔しています。

しかし最大のポイントは、芸名よりも肩書きです。私は「評論家」としたのですが、これ、ちょっと勇気が要りました。偉そうじゃないですか、会社員の分際で。

肩書きについては、冒頭に「スイーツ愛好家」みたいなのでもいいと書きました。でも、退職前提で考えていくと、さすがにちょっと食い足りない。残りの人生、趣味が趣味で終わっちゃう感じがしませんか。最終的に、それでメシが食える感じがしない。

名刺や肩書きは、言わばもっともベーシックなプロモーションツールです。ということは、究極的には「俺の実力を買ってくれ」と迫るもの。だとしたら、少なくとも名刺や肩書きそのものは、切っ先鋭く、堂々とした、つまりはちょっと偉そうなものの方がいいなと、私は思います。

次に、SNSでアカウントを持ちましょう。そしてSNSで、やりたいこと/やったことをどんどん発表していきましょう。もちろんプロフィールは、先の芸名と肩書きで。写真も思い切って、顔の実写をさらしてみる。さらした方が視認性と属人性が高まっていい。

同じ思いで私も90年代、黎明期のインターネットで早々と個人サイトを持ち、毎週毎週、様々なエンタテインメントを斬った記事を書いていたのですが、当時はSNSがなかったため、その記事を知らせる手段がなかった。なので、書いても書いても読まれている感じがしない。まるで暗闇に向かっての投球練習のようでした。
それが今ではSNSがある。大げさに言えば、たった一晩でスターになれる可能性のある時代です。使わない手はないと思います。いろいろと言われがちなSNSですが、こと個人の趣味活動の推進という点では、素晴らしいと心の底から言い切れます。
ですが、名刺とSNSの前、本当の本当の最初の一歩があります。それは——自分のPCのデスクトップにフォルダを作ること。

ラジヲは心の揺れを抑え、意を決して、ノートPCのデスクトップに、ひとつのフォルダを作った。フォルダの名前は「音楽評論出版計画」——その後、そのフォルダから、いくつかの音楽評論本が世に出ていくことになるのだが、それはまた別の物語である。

私の「音楽私小説」＝『恋するラジオ』（ブックマン社）の一節です。これはほぼ実話で、東日本大震災の翌日、死を現実的に感じた私は、会社員のままじゃ死ねねぇぞと思い、「音楽評論出版計画」というフォルダを作ったのです。

単にフォルダを作るだけの話です。今すぐ出来ることです。ただ、これがゼロからイチへの大きなステップなのです。夢を具体化すること、現実化することの第一歩として、デスクトップの隅から「活動せえよ活動せえよ」と語りかけてくるフォルダ作りがあるのです。

もちろんフォルダを作ったからといって、夢が叶うかどうかなど分かりません。ただこれだけは言えます——フォルダを作らないと、夢なんて絶対に叶わない。

なお、そのフォルダは現在も稼働中です。ただ名称は「音楽評論出版計画」から、そもそもなぜ「音楽評論出版」を計画するのか、要するに私の評論活動の「パーパス」に変えました。

今、デスクトップ右下にあるそのフォルダには「音楽の楽しみ方を広げる」と書かれています。

退職の決断法

退職をどう決断するか。これは人によって、年齢によって、さらにはその会社によってまちまちでしょう。なので、ここでも一般論ではなく、私の経験の話をしたいと思います。

克明には記憶していないのですが、退職を決断したのは、辞める2年ほど前だと思います。この「2年」という時差はかなり長いのではないでしょうか。後ほど触れますが、我ながら、周到な根回しをして辞めたと思います。

55歳で早期退職という制度があったことも追い風になりました。逆にその制度がなければ、ずるずると会社に残っていたかもしれません。

今から考えれば、妻が反対しなかったことが、とても大きかったように思います（心の中ではどうだったか分かりませんが）。サブカル度の低い人ですが、テレビやラジオで、心から楽しそうにしゃべっている旦那の姿に触れ続けたことも影響したようです。また、子供が1人いますが、すでに高校生になっていたことも（小学生以下なら、さすがに逡巡したかもしれません）。

では、退職を決断するに至ったいくつかの要因を挙げていきたいと思います。

まずは評論家としての仕事が、忙しくなってきたことです。当時の（今も？）ビジネスモデルとしては薄利多売、小口の執筆仕事を数多く受けていくスタイルだったので、週末はほぼ執筆作業で終わってしまう。

ただ、評論家仕事は趣味の延長なので、書く仕事の依頼がいろいろと来るのは楽しくて、また本を出版できることなんて、「暗闇に向かっての投球練習」時代に比べると夢のようなことでもあり、週末がなくなるストレスよりも、楽しさの方が勝っている状態でもありました。

同じように、退職を決断する要因のひとつだけれど、でも決定的ではなかったものとして、管理職になったことが挙げられます。

博報堂における「局長」という「ザ・中間管理職」になって、現場仕事にはない独特なストレスも増えました。何とかストレスフリーでこなしたいと思っていても、特に局員の人事や評価では、うまくいかないことも多く、よく眠れない日々もありました。

まぁ、それでも「管理職論」で書いたような工夫をすることで、ある程度の改善は出来るな、もっと言えば、新しい管理職像を作れるかも、作るのが自分の使命かも、と思い始めてもいたのです。

つまりは評論家としての繁忙や管理職への「昇進」(とあえて言う)は、退職に向けての一要因ではあるものの、決定的なものではなかった。

「時代遅れ」という自己認識を持つ

じゃ、いちばん大きな要因だったのは何か。それは、ちょっと弱音みたいになりますが、業界の産業構造の変化についていけなくなりそうだったことです(いや、すでについていけていなかったかも)。

ざっくり言えば、広告業界にもデジタル・トランスフォーメーションの波がザッパーンと押し寄せてきて、要するに、派手なテレビCMを打って終わりではなく、広告投資によって、何人の顧客、いくらの売上が獲得できたのかを把握し、カイゼンカイゼンしていく時代が到来しました。

もちろん、その背景にはネット広告の隆盛があります。テレビCMや活字広告に比べて、費用対効果の測定が容易で、日々変わっていく効果データをベースに、システマティックに回していく時代への過渡期を、業界全体が迎えています。

ただ、白状すれば、この変化が自分に合わなかった。コピーだCMだイベントだという「文科系」の産業と思って、この業界に入ってきたのに、いつのまにか「理科系」の空気が立ち込めてきたのですから。

それでも大企業というのは立派なもので、そんな昭和で文科系な私の下にも、優秀な令和で理科系の「パチパチ君」（「パチパチ」はPCのキータッチの音）がいたりする。

しかし次に困るのは、そのパチパチ君の言ってることが分からない。「デジタル・トランスフォーメーションでPDCAでリスキリングで……」と、ルー大柴の話を聞いている気分になる。だからパチパチ君の上申に対して、よく分かっていないのに「ままよっ！」と判子を押したことも……。

書いていて、いよいよ虚しくなってきたので一旦整理すると、「自分がもう立ち遅れている」と認める勇気を持つ必要があると思うのです。というのは、ベテラン会社員って、自分が時代遅れだと認めるのが下手、苦手だから。

それは当然で、会社を支えているのは、社員の自尊心と自己顕示欲です。「俺は出来るだろ？（だから出世させて）」という気持ちが、会社の仕事を前に進めていく。そんな気持ちにもっとも反するのが、自分が時代遅れだと認めることです。当然です。「時代遅れ」＝「俺は出来ない（だから出世できない）」ということですから。

でも私は幸か不幸か、わりと早めに気付きました。それでいて私のダメなところは、そのルー大柴的な世界観について、あまり勉強をしなかった。というか、興味関心の方向が、広告ビジネスの最前線＝デジタル・トランスフォーメーションの研究ではなく、音楽ビジネスの最前線＝米津玄師の研究の方に向かってしまった——。

あっ、もしかしたら、米津玄師やOfficial髭男dismを聴き込んでいたから、時代の変化に気付いたのかもしれない。音楽ビジネスの最前線が、ここまで途方もないところまで進んでいるのだから、広告ビジネスの最前線とやらも、途方もないものなのだろうと予感できたのかも。

55歳というのは、昭和の時代における定年退職の年齢です。ということは、「自分がもう立ち遅れている」と認めてもいい年齢ということです。少なくとも、自分が心から興味関心を持てるもの（＝米津玄師）ではないものには、弱音を吐いていいのではないか。

と、いろいろな要素が混じり合って、満55歳になる約2年前、私は密かに、退職を決断したのです。

公人と私人

会社を辞めるのを決断した理由は、そんな感じなのですが、「辞めるのを早めた理由」は、別にあります。

というのは、本来なら、満55歳になってすぐではなく、一定期間の猶予を経ても、いわゆる「早期退職」制度（生々しい話をすれば、退職金がちょっと多めにもらえる）は適用されるのですが、私は、満55歳になって4日後に、早々と退職しました。

私は在職中から、何冊も本を出版する、ちょっと変わった会社員だったのですが、最初のうちは、会社からもほとんどお咎めはなく、本の内容に関する簡単な資料を提出するだけでOKでした。

ただ、コンプライアンス重視という世間の流れを受けてか、中身に対するチェックが、年々厳しくなっていったのです。

何がチェックされるかというと、いわゆる「思想チェック」ではなく（それだったら、ノンポリの極みのような私の音楽本などオールセーフ）、得意先や媒体社に関するリスク、つまり批判的な記述があるかどうか。

それでも、私の会社はまだ鷹揚で、内容に大きく関わる決定的な削除・修正要請はほとんどなかったのですが、でも、あまり気分のいいものではない。

確かに、広告業界、ひいては自社に関するあれこれをあからさまに書く本であるならともかく、ちょっと昔のヒット曲が云々とかいう、ノンポリで酔狂な本にもかかわらず、リスクチェックされ、場合によっては、ある番組の感想を書いているパートに対して、「媒体社に関することなので」と、表現を和らげるような指示が出たりする。

そんなこんなで、やや突っ込んだ話を書いている『桑田佳祐論』（新潮新書、2022年6月刊）が出る前にと、満55歳になってすぐに辞めることにしたのです（「突っ込んだ話」のひとつが「表現の自由」論だったりするのが、皮肉と言えば皮肉）。

私の言いたいことは、まず「公人と私人」の区別について。

スージー鈴木名義で在職中に刊行した本には、私が博報堂社員であることには、一切触れていません。また内容的にも、仕事の内容にはまったく触れず、得意先批判などない。媒体社批判があったとしても、それは単なるコンテンツ評論の範囲内と考えます。

だとしたら、そういう活動は「私人の活動」として、基本フリーにするべきだと思うのです。むしろ私人としての自由な活動が公人＝会社員としての活躍につながる可能性の高い時代なのだから、会社はもっと鷹揚に構えるべきではないか（無論、得意先・媒体社の誹謗中傷、ひいては反社会的な活動などは制するべきでしょうが)。

日本の会社員は、長く終身雇用をベースとしていたせいか、「公人としての私」が「私人としての私」を圧迫し過ぎている気がします。選挙の投票先を会社から指定されるなんて論外中の論外ですが、それ以外の局面でも会社員は「私人としての私」を、もっと謳歌していい。


得意先絶対主義?


そしてもうひとつ。これは広告業界に特化した話ですが、先の話の背景にある「得意先絶対主義」への疑念。

得意先の無理難題に対して、24時間滅私奉公誠心誠意善処する。それが広告会社の存在基盤・成長基盤でした。先の「得意先批判」に対するデリケート過ぎる対応の背景にあるのもそれです。

しかし、その歪みが出てきているのも、今や周知の事実です。何より、24時間滅私奉公誠心誠意善処が、社会的に支持されるとは到底思えない時代において、広告業界もデジタル・トランスフォーメーションの前に、まず、そのメンタリティをトランスフォーメーションしなければいけない。

以上まとめれば、「お前のところのスージー何とかとやらが、うちの会社のCMソングに難癖付けているようだが」なんて電話が、もし得意先の役員から広告会社の営業部長にかかってきたとして――。

今だったら、どの営業部長も「何と！　これは失礼しました。強く言って聞かせてやります。ちっ、あの野郎！」と返すのでしょうが、「あ、あれはですね。公人＝うちの社員ではなく、私人としての奴の活動なんで、何も言えないんですよ。あ、私はあのCMソング、カラオケでよく歌ってますよ。♪ラララー」と返すように、業界全体がトランスフォーメーションしなければならないと、私は考えます。

と、この項は、これまで我慢していた出身会社批判が噴出したように見えるかもしれません。でもよく読んでください。これは批判ではなく愛です。この項は、出身会社への愛、これからのあの会社を背負っていく若手社員への愛だけで出来ています。


「何度でも退職したい！」

そして20年の秋、いよいよ「来年の今ごろに早期退職をします」と、直属の上司に報告しました。

　そんなに早く、退職を宣言した理由は、何十人もの部下を抱える管理職だったからです。さすがに期の途中で突然「辞めまーす」と言って、組織を混乱させることなど出来なかった。

　なので早めに言って、かつ「来期の組閣からは外してください」と申し添えたのです。こんな超・僭越なことを言う社員も、かなり珍しいと思うのですが、立つ鳥跡を濁さずの精神で思い切りました（「初めから、てめえなんて構想に入ってないよ」とは言われませんでした。とりあえず）。

　その後、様々な人に様々な形で、その意志を告げて、早期退職が、いよいよ既成事実となっていきます。

　退職などの人事案件について、みだりにペラペラしゃべってはいけないというのが、博報堂のみならず、一般的な会社におけるルールになっているはずです。

　しかし、他の誰でもない自分が決めた自分の退職については、「私人」として、社内にはできるだけ早く感謝の意を伝えたかったたし、社外には辞めてからの相談も早めにしたかったたし、あと社内にも社外にも、早くチヤホヤされたかったたし（笑）。

おかげさまで、盛大な送別会を何度も何度も開催していただきました。楽しかった。そして思いましたね。「会社員の真の醍醐味は退職にある」、さらには「こんなに楽しいなら、何度でも退職したい」とも思ったものです。

というわけで、これを読んでいるみなさんで、すでに早めの退職を考えてらっしゃる方は、ぜひこういう「楽しい退職」を目指してください。「衝突」とか「決裂」ではなく、スムーズできれいで楽しい退職を。

腕っぷしで稼ぐ快感

では、辞めてからどうなったか。

大きめの会社の比較的高いポジションから、フリーランスという、言わば産業構造の底辺に飛び込んで、自分で企画書出して、シコシコ原稿書いて、請求書作って、帳簿付けて、確定申告して——。

これを書いているのは、フリーになってちょうど1年というタイミングなのですが、これはこれで、なかなか楽しいなと。

会社員時代に比べて、不安定なことこの上なく、また正直、収入もガクッと減りましたが、それでも、自分の腕っぷしで稼いでいるという実感がたまらない。

いや、実は会社員時代も、自分の腕っぷしで稼いでいたはずなのです。だけど会社はチームプレイなので、稼いだのは自分たちの腕っぷしで、果たしてその稼ぎの中で、自分自身の、この貧弱な2本の腕そのものが稼いだ金額なんて、まるで分からなかった。

だから、たとえ薄利多売であれ、自らの腕っぷしから生まれてきた金額が1の位まで、極めて高解像度、まるで8K画面のようにくっきりと見えてくるのは、55歳にして初めて得る快感なのです。

あと、会社名ではなく、あくまで「スージー鈴木」という名前、世界でたったひとつのブランド名で勝負している感じも、刺激的で心地よい。

広告会社でも、コピーライターやデザイナーなどの制作職は、広告業界誌に名前が載ったりするのですが、私のようなマーケとかは、ほぼ完全に黒子。手掛けたキャンペーンが成功したとしても、世間に名前が出ることはまずない。

また私の考えを言えば、広告会社が黒子であり続ける時代は終わった、終わるべきだと思います。先に述べた「24時間滅私奉公誠心誠意善処」も、広告会社の「黒子意識」、それに紐付いた「出入り業者意識」が発生基盤にあるはずですから。

もうそろそろ広告会社も、得意先と対等なパートナーとして、会社と社員が堂々と世に出ていく白子（？）にならないと。そして、白子に恥じないクオリティあるアウトプットを、広く世間に見せ付けないと、さすがにもう……と考えるのですが。

もし私が得意先なら、「このキャンペーンが成功したら、成功の立役者として、制作だけでなく、営業もマーケも、我が社のPRとして顔と名前をじゃんじゃん出しますよ」と言いますね。だって、少しでもモチベーション高く仕事してほしいので。

それはともかく、とりあえず現段階では「辞めてよかった」「辞めて『も』楽しい」と言い切れます。さすがにこの気分が未来永劫続くかどうかは分かりませんが。「辞めて『も』楽しいのだから、もっと早めに辞めてもよかったのでは？」と自問することがあります。それでも一瞬考えて、やっぱり55歳まで粘ってよかったんだと思い直すのです。だって、あの送別会ラッシュは、55歳まで粘ったからこそのご褒美だったのですから（関係各位へ私信。ありがとうございます。心より）。

会社員以外の自我を持つ

「会社を退職したら、強烈な疎外感にさいなまれる」と、よく言われます。

幸いにして私は、書いたりしゃべったりという別の仕事でバタバタしているので、疎外感をじんわり嚙みしめることはなかったのですが、それでも辞めた当初は、会社からの関係がパタッと途絶えたことに、一抹の寂しさを感じたものです。

あれほど大量に届いていたメールが来なくなった。「相談があります」と自席の前に列をなして待っていた人たちがいなくなった。自分を甘美に包んでいた「役職」という名の繭《まゆ》が引っぺがされた。

よく聞く話。60歳まで勤め上げて、それなりの立場だった人が、定年退職によって突然、人生唯一の拠りどころだった会社員としての自我を引っぺがされて、突然ずっと家にいることになり、妻からは邪魔者扱いされ、ぶらぶらと街をさまよう——私はどうすればいいんだ！

「馬鹿にするな、俺を誰だと思ってるんだ！　○○銀行の□□支店の支店長だったんだぞ！」

盛り場などで見知らぬ老人から、このような恫喝《どうかつ》を受けたことがあります。「○○銀行の□□支店の支店長」——この立場、この文字列だけにすがってきた人生だったのでしょう。

そこまで極端ではなくとも、SNSをちらっと見たら、年をとっても相変わらず会社員時代の人脈に閉じていたり、会社員時代の功績をつぶやいている人たちが山ほどいます。

「老後に向けて、会社員以外の自我を持たなきゃならない」とはあまり思いません。会社員時代が幸せで、老後も会社員時代の人脈と記憶に寄り添って生きていけるのは、とても幸せなことです。

ただ「会社員以外の自我を持ってたら、楽しいぜ」とも同時に思うのです。どうせこれから足腰が弱くなってフラフラしてくるのです。寄り添える人脈と記憶は、多ければ多いほどいい。多様であればあるほど、楽しい。

そのためには「幸福な退職」です。そして満面の笑みで退職するその日のために、「無駄なく・無理なく・機嫌よく」(MMK)を、会社の日々の仕事で実践し続けるべきなのです。

だから「MMK」を

会社を辞めて1年、年のせいもあり、会社員時代の記憶がどんどん薄れていくのを実感します。仕事でしかつながっていなかった人の名前は、恐ろしいほどのスピードで消えていきます。また社内の組織の名称なんて、さらに速いスピードで消えていく。私もついこの前、最終所属組織の名前を忘れた自分に驚きました。

一見、寂しいことではありません。でも、こう考え直してみる。それらは、そもそも私の脳内で、長期記憶されるべき重要事象ではなかったのだ、と。

そして、それらの事象が消えた脳内の隙間に、米津玄師や Official 髭男 dism が入ってくる。それでいいんじゃないか。その方がいいんじゃないか。

最後に若い人たちに向けて。

ご承知の通り、今の日本の会社では、非正規労働の社員が増えていて、また正社員でも昇給・昇進などなかなかに困難で、つまりは「労働環境の貧困化」がぐんぐん進んでいます。

そんな状況に直面している若い人たちにとって、この本は全体に「バブル入社で、正社員として会社を適当に楽しみながら、暇を見て本とか出して、あげくの果てにさっさと早めに辞めた調子のいい呑気な野郎の話」という感じに見えるのではないでしょうか。

否定はしません。確かに、今の会社員の実情から比べると、ずいぶんと余裕を感じる話が続いたかもしれません。

しかし、というより、だからこそ「MMK」を、と私は言いたい。

いつまでいさせてくれるか分からない会社。だから仕事は「無駄なく・無理なく・機嫌よく」。そして、その「MMK」の方法論やコツを身に付けて、仕事なんかで死んでたまるかと思いながらやり過ごし、何とか時間を捻出して、趣味に近いところで「2枚目の名刺」を持って、少しずつ実践する。

机の前に座り　計画を練るだけで　一歩も動かないで　老いぼれてくのはゴメンだ
（THE BLUE HEARTS『ラインを越えて』）

みなさん、会社員としてのラインを一歩越えてみましょう。そして、目の前のラインを越えるためにまず、デスクトップの上に、あなたの人生の「パーパス」を名称としたフォルダを作りましょう。今すぐ。今すぐ。

終章　スージー鈴木の「カニ十足」

最後に、私が編み出した「カニ十足《じゅっそく》」をご紹介します。

これは電通の有名な「鬼十則」に対抗して作ったもので、博報堂の新人研修や、非常勤講師として招かれた早稲田大学、大阪芸術大学の授業などで発表してきたものです。

「カニ十足」に取り立てて意味はないのですが、カニの足は10本らしいので、「鬼十則」になぞらえて命名しました。

「電通鬼十則」は「仕事は自ら創るべきで、与えられるべきでない」から始まります。

なるほど。否定はしませんが、一歩進めて、どう「創る」のか、どうスムーズに楽しく快活に「創る」のかについては、以下の「カニ十足」の方が参考になるはずです。

一、**「無駄なく・無理なく・機嫌よく」（MMK）**

いうまでもなく、この本の根本思想です。繰り返しますが、「機嫌よく」（K）がいちばん大事で、この「K」に向けて、2つの「M」が機能します。とにかく機嫌よく働きましょう。

二、**「仕事なんかで死んでたまるか」**

当たり前のことを、何度も言わなければいけない時代です。仕事なんかで死んではいけません。そのためには、面倒を言ってくる上司はパロディ化しつつ、どうにもたまらない場合は、正しく告発して、逃げちゃいましょう。

三、**「17時53分に席を立つ」**

帰宅時間を極めて具体的に心に刻みましょう。「18時頃に会社を出ようかしら」と思っている人の退社時刻は19時です。「早く帰りたいなぁ」とだけ思っている人は、おそらく22時を超えても、会社にいることでしょう。

四、「65点でいい。でも安定的に65点を」

「65点主義」は、独り歩きすると危険な言葉かもしれません。この言葉のポイントは、1回こっきりの100点仕事ではなく、安定的に65点を叩き出し続ける継続性が大事ということです。つまりは本塁打王ではなく首位打者を目指そう。それこそが会社員に求められることなのです。

五、「明日出来ることは今日しない」

基本中の基本と言えます。さらに言えば「今日すべきこと」と「明日出来ること」の峻別（案外難しい）が正確に出来るようになると、会社員生活は、とても楽になるのです。

六、「1つの仕事に1つのアイデア、スプーン1杯の自己顕示欲を」

若い頃、考えておくべきこと。逆に言えば、若い頃は、このことだけを追求していればよい。私は本気でそう考えます。

七、「アイデア作りは『ひろげ』と『ぶつけ』」

アイデア作りの「鈴木メソッド」は、ある意味、この本の中で、もっとも実践的なパートだったかもしれません。アイデアを数多く生み出すためには、脳内をとにかく自由に柔軟に躍動させることです。そして、そのための秘訣が「ひろげ」「ぶつけ」です。早めに慣れておくことをおすすめします。

八、「議論を具体に引きずり落とす」

リモート時代になって、長時間の打合せは少なくなっていると信じたいのですが、それでもダラダラと長い打合せが野放しになっているならば、他ならぬあなたが、議論を具体に引きずり落としてほしい。また、例えば企画作業などで、あなたの頭の中が抽象思考で凝り固まったときにも、一度具体に立ち戻ってみること。とにかくビジネスとは、抽象ではなく具体なのですから。

九、「ですよねー」

このあまりに短い言葉が、仕事を前に進めます。100の「ですがー」より、たった1つの冴えた「ですよねー」を。

十、「もう終わっちゃったのかなぁ」「まだ始まっちゃいねえよ」

最後は北野武監督の映画『キッズ・リターン』より。この10年ほど、若手社員が自分の成長度合いを気にする、さらには同期との成長差を気にし過ぎる傾向が気になっていました。30年以上勤めた身からすれば、入社1~2年における成長差なんて、数ミリに過ぎません。つまりは、そんなものは気にせず、「まだ始まっちゃいねえよ」という気分で、仕事に向かってほしいと思うのです——大丈夫です。すぐに始まっちゃいますから。「無駄なく・無理なく・機嫌よく」。そして気持ちのいい会社員生活が。

おわりに

（1）これが15冊目の著書となりますが、こんなに速くスラスラと書けたのは、初めてのことでした。30年間の会社員生活で身体に刻み込まれたものが一気に噴出したという感じ。とめどなく溢れるものを目の前の画面の中の「メモ帳」にぶちまけていく快感。

（2）学者でもビジネスのカリスマでもない私として、書いた内容は、形式的な概論ではなく、すべて身体に刻まれた個人的な実体験を基にしています。その分、属人的・属「平成」的・属「広告業界」的な偏りがあるのは否めません。それでも、私の時代より、より厳しい局面に向かっている若手会社員が、この本から「ＭＭＫ」な本質を抽出して「幸福な退職」に少しでも近付いてくれたら、こんなにうれしいことはないのです。

（3）この本を書いている間に56歳になりました。次は60歳が1つのタイミングになるのでしょう。還暦、つまり普通の会社員の退職年齢になったとき、音楽でも野球でも働き方でもいいので、身体に刻み込まれたもの、身体から染み出てくるものだけを書いて・話して、結果、社会がちょっとでも良くなるような仕事でやっていければいいなと。

（4）恥ずかしがらずに、できるだけすべてをさらけ出そうと思いながら書きましたが、それでも私も人の子。読み返すと、それなりにクレンジングされていることに気付きます。そのあたりは、もし本書が売れたら続編『不幸な在職』（仮）でたっぷりと。

（5）『サザンオールスターズ 1978-1985』『桑田佳祐論』（ともに新潮新書）に続いて新潮社・金寿煥さんに感謝。あと私の妻にも（でもこの人、最後まで読まなそうですが）。

最後の最後に上から目線。「カニ二十足」に足一本付け加えさせてください。その足だけは、横ではなく前向きに付いていて、直接前進するエンジンになります。さすがにここだけは、私の言葉では足りませんので、敬愛する詩人・茨木のり子の作品の一節をお借りします。何も始まりません。これがなくっちゃ。

――自分の感受性くらい　自分で守れ　ばかものよ　（「自分の感受性くらい」）

2023年3月22日（WBC日本優勝の日に）

スージー鈴木

スージー鈴木　1966（昭和41）年大阪府生まれ。早稲田大学卒業後、博報堂に入社。在職中より音楽評論家として活躍。2021年、55歳で同社を退職。著書に『サザンオールスターズ　1978-1985』『桑田佳祐論』など。

Ⓢ新潮新書

995

幸福《こうふく》な退職《たいしょく》
「その日《ひ》」に向《む》けた気持《きも》ちいい仕事術《しごとじゅつ》

著　者　スージー鈴木《すずき》

2023年5月20日　発行

発行者　佐　藤　隆　信

発行所　株式会社 新潮社

〒162-8711　東京都新宿区矢来町71番地
編集部(03)3266-5430　読者係(03)3266-5111
https://www.shinchosha.co.jp
装幀　新潮社装幀室

印刷所　株式会社光邦

製本所　株式会社大進堂

ISBN978-4-10-610995-9　C0230

価格はカバーに表示してあります。